이 책이 　　　　　　　　　　고,

두렵고, 우울 　　　　　　　　　 다도

삶을 포기하려고 하는 누군가에게 살아야 할

명확한 이유를 줄 수 있길 간절히 바란다.

— 박진영

JN035956

（訳）
むなしく、寂しく、心細く、不安で、
何かにおびえて、憂鬱な誰かに、そして何よりも
人生をあきらめようとしている誰かに、
生きていく明確な理由を本書が与えられることを、
心から願っている。

J.Y. Park エッセイ
何のために
　生きるのか?

J.Y. Park

米津篤八・他訳

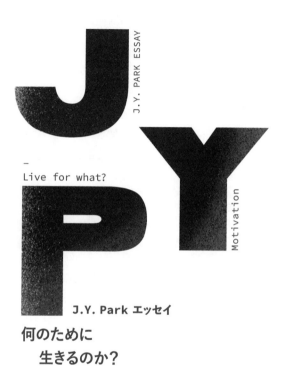

J.Y. PARK ESSAY

–
Live for what?

Motivation

J.Y. Park エッセイ

何のために
　　生きるのか?

早川書房

日本語版翻訳権独占
早 川 書 房

© 2021 Hayakawa Publishing, Inc.

日本語版装幀:早川書房デザイン室

　昨年1年間、僕とNiziUのメンバーを気にかけ、応援してくださったみなさんに、心から御礼申し上げます。

　驚くほど大きな声援に深く感謝を捧げるとともに、みなさんから寄せていただいた愛にどうやって恩返ししたらいいのか、真剣に考えているところです。

　とりわけNizi Projectを通じて僕の言葉に興味を抱いてくださった方が多かったので、その背景にある僕の内面や価値観などを日本のみなさんと共有できたらと思い、本書を日本でも出版することを決めました。

　音楽を勉強して歌手になったころの僕は、この分野で最高になりたいという思いだけで突っ走ってきました。でも、時間ととも

にその目標はだんだん揺れ動いていきました。成功の階段を上って人々がうらやむものをひとつずつ手に入れていくにつれ、僕は結局のところ何を望んでいるのかと思い悩むようになったのです。そしてついに、自分はどうしてこの世に生まれてきたのか、死んだ後には何があるのか、という究極的な疑問にまでたどり着きました。

　この本は、僕がその答えを探し求める旅路と、その道のりの果てに手に入れた答え、そしてその答えを通じて新たに与えられた、僕の人生の目標をまとめたものです。
　本書が、みなさんの人生の根本的な疑問を解くカギとなることを、心から願っています。
　何よりも、疲れ果て、憂鬱な日々を送っている、寂しく孤独な人たち、人生の目標を見失ってしまった人たちのために……。

2021年1月　J.Y. Park

ふと、こんなことを思ったことはないだろうか？

　自分は今、何のために生きているんだろう？
　このまま一生が終わってしまうのだろうか？
　死んだらどうなるんだろう？

　こういう疑問は、ふだんはちょっと考えてすぐに忘れてしまうが、ときには頭から離れないことがある。そこで周りの人に話してみると、こんな反応が返ってくる。

　中二病なの？
　更年期じゃない？

考えすぎ。

みんな流されて生きているんだよ。

早く子どもをつくりなよ。子どものために生きればいいんだ。

貧しい人に手を差しのべて生きなさい。

　こういう答えで、疑問から目を背けようとさせる。でも、ちょっと考えてみよう。この問いから目をそらしていていいのだろうか。この答えを見つけられないまま、人生に疲れ果てて自ら命を断つ人もいる。

　つらいですか？

　寂しいですか？

　心細いですか？

　むなしいですか？

　うつろな気持ちですか？

　不安ですか？

　何かにおびえていませんか？

　それとも、過去の出来事に縛られていませんか？

　上の質問にひとつでも「はい」と答えたあなたのために、僕はこの本を書いた。僕もそうだったからだ。こういう疑問は、ふつ

うは思春期のころに抱くものだ。そしてみんな、自分の存在について深く思い悩むようになる。ところが僕は不思議なことに、40歳になってようやく自分について深く考えるようになった。その代わり、適当にやりすごすことなく、確かな答えを見つけるために最後まで突きつめた。長いあいだ思い悩んだ末に、ひとつの結論にたどり着いた。

　こういう悩みにとらわれる理由はこうだ。僕たちはみんな、

　　なぜ生まれるのかも知らずに生まれ、
　　なぜ生きるのかも知らずに生きて、
　　死んだらどこに行くのかも知らずに死んでいく。

　つまり、これらの問題に対する確実で明快な答えを見つけるまでは心の病を治すことはできないということだ。だから、いちばん大事なのは真実を「**知ること**」。何かを「やること」ではなく「知ること」だ。でも、ほとんどの人は答えを「**知ろう**」とせず、何かを「**やろう**」とする。友達に会ったり、酒を飲んだり、楽しいことをしたり、貧しい人を助けたり、宗教活動をしたり……。そんなふうにしながら、むなしい心を癒そうとする。心の病は残ったまま、鎮痛剤を飲んで症状をやわらげているようなものだ。もちろん、少しのあいだはよくなるかもしれないが、根本的

なぜ生まれるのかも知らずに生まれ、

なぜ生きるのかも知らずに生きて、

死んだらどこに行くのかも知らずに

死んでいく。

には治らない。なぜなら、依然として「知らない」ままだからだ。

　多くの人は適当に心を紛らわせ、あるいは「またあとで考えればいいや」と言って問題を先送りしながら、一日一日を死に向かって歩いていく。死という断崖に向かって歩いているのに平気なのは、むしろ異常なことではないだろうか。誕生日を迎えるたびに、また1年死に近づいていく。はたして、これは祝うべきことなのだろうか。バースデーソングは、本当なら「また死が1年近づきました、また死が1年近づきました」と歌われるべきなのに、僕たちはその事実に背を向け、互いに祝福しあう。それでも僕は、数年間の粘り強い努力の結果、探していた答えを聖書から見つけることができた。聖書は、この異常な心を「狂った心」と表現している。

> ……生きている間、
>
> 人の心は悪に満ち、
>
> 思いは狂っていて、
>
> その後は死ぬだけだということ。
>
> ——『コヘレトの言葉』9章3節

僕たちはこの「狂った心」から脱して、答えを探さなければならない。なぜ生まれたのか？　なぜ生きるのか？　死んだらどこへ行くのか？

あなたたちは真理を知り、

真理はあなたたちを自由にする。

——『ヨハネによる福音書』8章32節

　僕は、聖書の中に答えを見つけてからというもの、「なぜ生きるのか？」という問いに迷わず答えられるようになった。その答えは僕の人生の錨（いかり）となり、僕の情熱の原動力となった。だからこの本のタイトルも「何のために生きるのか？」とした。「完全な結婚」を通じて「完全で永遠な幸せ」を実現しようという荒唐無稽な夢を目指したひとりの人間が、ついには挫折し、ふたたび人生の真の答えを見つけるまでの生きざまを、ありのままに書きつづった。

　むなしく、寂しく、心細く、不安で、何かにおびえて、憂鬱な誰かに、そして何よりも人生をあきらめようとしている誰かに、生きていく明確な理由を本書が与えられることを、心から願っている。

おことわり

　僕はアルバムを持っていない。自分でも不思議なぐらい、自分自身の過去に関心がなかったからだ。本書に収録した写真はすべて、親が保管していたものだ。どういうわけか、僕はアルバムを開きながら「ああ、こんなころもあったな」と過去を懐かしんだことがない。

　記憶をたどってみると、幼いころから僕にはそのときどきに追いかけていた目標があり、その目標を達成することで精いっぱいだった。だから、過去を振り返る余裕がなかったのだと思う。歌手になってから受賞した賞やトロフィーも半分以上なくしてしまった。すでに受賞した賞より、これから受賞する賞に関心があったからだ。だから、この本を書くために多くの人に自分の過去について尋ねなければならなかった。過去をありのまま復元しよう

と努めたが、写真も、資料も、記憶も十分ではないので、大変だった。最善を尽くしたものの、話の前後関係やディテールに不正確な部分があるかもしれない。どうかご了承いただきたい。

1

小学生のころから一生を貫く人生の目標が決まっている人は、どれほどいるのだろう？　僕は40歳になるまで一度も揺らぐことのなかった人生の目標を小学生のときにもつことになった。歌手になること？　いや、違う。

　1971年12月13日、僕はソウル市典農洞で一男一女の二番目として生まれた。父は大手企業のサラリーマン、母は小学校の先生だった。父は、僕の出生届けを１カ月遅れの１月13日生まれとして届け出た。12月生まれは何かと損だからという理由だった。幼いころの僕は、じっと黙ったまま、ぼんやりした目つきで一日じゅうどこかを見つめながらよだれをたらしている、ちょっと変わった子だったらしい。両親は僕に知的障害があると思い、特別支援学校に行かせようと思っていたそうだ。

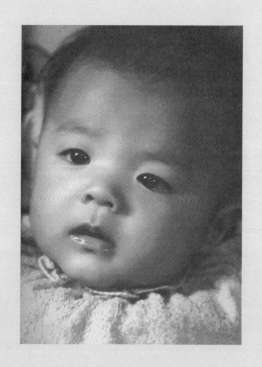

　ところが4歳になる少し前、それまで何もしゃべらなかった僕が、いきなり声を出して文字を読みはじめたという。母は小学校入学を控えていた姉に毎日ハングルを教えていたのだが、僕はそれを横から見ていて、そのうちにハングルを覚えてしまったのだ。最近の子どもは4歳で外国語まで勉強するそうだが、当時はまだそんな時代ではなかったので周囲の大人はみんな驚いて感心したようだ。その後、僕は本に夢中になった。引っ越しの日に

1971年12月13日。僕は、じっと黙ったまま、ぼんやりした目つきで一日じゅうどこかを見つめながらよだれをたらしている、ちょっと変わった子だった。

も、ほこりの立つ荷物のなかに座って本を読んでいたという。何がそんなに知りたかったんだろう?　ともかく、落ち着きがなく騒々しい今の僕とは天と地ほど違っていた。

　大人になってから知ったことだが、僕の脳には奇形がある。正確な診断名は「先天性左内頸動脈形成不全」。左脳に血液を供給する頸動脈が生まれつき欠けているのだ。その代わり、左脳に必要な血は右側の頸動脈から右脳を経由して供給されているらしい。これが僕の心にどんな影響を及ぼしているのかはわからないが、なんらかの影響はありそうな気がする。

　僕の両親は、一生懸命働いてソウル郊外の京畿道一山にやっと
マンションを買うといった中流階級だった。理由はあとで説明するが、僕は大学時代までうちは金持ちなんだと思っていた。両親はふたりとも、幼いころの家庭環境がよくなかったせいで心に傷を負っていたにもかかわらず、いつも明るく、僕と姉の前で憂鬱そうな顔や暗い姿を見せたことがなかった。自分たちの成長期は傷だらけだっただけに、明るく健やかに育っていく僕と姉の姿をいつもうれしそうに見つめ、温かく見守ってくれた。家族はいつも友達のような関係で、冗談と笑いが絶えない家庭だった。僕は親になんでも話したし、とりたてて反抗期らしきものもなかった。思春期のときでさえ、一度も自分の部屋に鍵をかけた記憶がない。

ところで、母には少し変わったところがあった。これまで一度も問題など起こしたことがない、穏やかでまじめな人柄なのだが、心のどこかに常に自由な暮らしに憧れるという奔放な性格が潜んでいたのだ。父に内緒でこっそり話してくれた母の理想のタイプは、いずれも自由奔放でワイルドな男たちだった。母は当時テレビで放映されていたアメリカのドラマ『リッチマン・プアマン／青春の炎』のニック・ノルティの大ファンだったが、父の前ではそのことをおくびにも出さず、僕と母だけの秘密だった。そうした好みのせいか、母は僕が何かしでかすたびに叱りつけながらも、僕のそんなところが好きだったようだ。幼稚園のころの僕

母は僕が何かしでかすたび
に叱りつけながらも、僕の
そんなところが好きだった
ようだ。

は問題児で、しょっちゅうみんなの活動を邪魔するので、母は思い切って幼稚園を辞めさせた。だから、僕は幼稚園中退だ。

　その代わり僕はピアノを習いはじめ、それが人生を変えるきっかけになった。母いわく、ピアノの先生はとてもきれいな人だったそうだ。まったく覚えていないけれど、僕はその先生のことが好きで、一生懸命ピアノを習い、ピアノ教室に行く途中で道端の花を摘んでは先生にプレゼントしていたらしい。そうしてピアノにのめりこんだ僕は、小学5年生になるまでピアノを習いつづけ、ツェルニー50番の練習曲まで弾けるようになった。これがのちの音楽活動に決定的に役立った。ピアノを習っていなかった

幼稚園のころの僕は問題児で、しょっちゅうみんなの活動を邪魔するので、母は思い切って幼稚園を辞めさせた。だから、僕は幼稚園中退だ。

　ら、今のJ.Y. Parkは存在していなかっただろう。

　中学校のIQテストで、僕の知能指数は高いという結果が出た。学校の先生が母を呼んで、特殊目的高校（訳注／科学や外国語などに優れた人材を育成するエリート校）への進学を勧めたが、母は断った。母は、僕がエリート高校の厳しい生活に耐えられないだろうと思ったのだ。さらに大きな理由は、僕を勉強するだけの人間にはさせたくなかったからだそうだ。もちろん僕も、そう

いう高校には行きたくなかった。

　父は母の理想のタイプであるワイルドな男とはほど遠い人だった。毎日朝早く出勤し、仕事が終われば寄り道もせずにまっすぐ帰宅する。酒、タバコ、ギャンブル、女にはいっさい手を出さず、母と姉と僕が人生のすべてのきまじめな夫であり、父親だった。父は母とは違って自由奔放な暮らしに惹かれたりはしなかったようだが、だからといって権威的なところはまったくなかった。どんな家庭でも「食卓ではお父さんより先に箸を持たない」といったルールがあるものだが、そういう決まりもわが家にはな

僕は町内のガキ大将だったが、父は僕が頼み込むたびに「活動費」を支援してくれる面白い人だった。

かった。毎週のお小遣いの日には、父と僕で賭け碁や花札をやり、父が勝っても賭けたお金は僕に返してくれ、僕が勝てばお小遣いが増えた。そんな雰囲気のなかで育ったからか、僕は50歳になろうとする今も両親のことを「パパ」「ママ」と呼んでいる。僕がとりわけ権威主義に対して反感を抱くようになったのも、こうした家庭環境のせいだろう。

僕は町内のガキ大将だったが、父は僕が頼み込むたびに「活動費」を支援してくれる面白い人だった。友達とよく喧嘩もしたが、そのたびに父はなぜ喧嘩したのかを聞いてきて、納得のいく理由があればあまり怒らなかった。両親はふたりともやさしく、僕に振りまわされてばかりで、子どものころの僕は自分が欲しいものはすべて手に入れることができた。あとでまた触れるが、ふつうの親なら絶対に許可しないようなことも、結局は僕に説得されて許してくれるのだった。

小学1年生から2年生に上がるとき、父が海外に赴任するこ

少し生意気な
7歳のころ

とになり、わが家はアメリカで2年半ほど暮らすことになった。不思議なことに、僕にはアメリカ生活以前の記憶がほとんどない（3歳のときのことを覚えている人もいるというのに……）。ここまでの話も、ほとんど母から聞いたことばかり。おかしなことに、僕の鮮明な記憶の始まりはあるテレビ番組だ。アメリカに行って間もないころ（1979年）、カッコいい歌手がきらきら光る衣装をまとい、ぴかぴかのブーツを履いて踊っているのをテレビで見た。マイケル・ジャクソンの「ロック・ウィズ・ユー」のミュージックビデオだった。僕はすっかりとりこになってしまった。

　音楽もいいし、ダンスもすてきだった。踊るときの動き、表情、しぐさ、すべてに魅了された。母によると、僕は幼いころから歌やダンスが大好きだったらしい。夕食の支度で米をといでいると、僕が母の横に来てその音に合わせて踊るので、母はその様子がかわいくてずっと米をといでいたという。また、テーマパークでもどこでも、ステージを見つけるとすぐによじのぼってよく踊っていたそうだ。そんな僕の性格をよく知る母は、僕がLPレコードが欲しいとねだるとすぐにお金をくれた。そして僕はレコードショップに走り、生まれて初めてレコードを買った。家に帰り、その曲を何度も聞いて汗だくになるまで踊っていると、なぜか強烈な喜びが心の奥から湧き上がってきた。その一瞬が、その後の僕の人生を決めたといってもいいだろう。

それ以来、僕はソウル、ファンク、ディスコ、ブルースなど、ありとあらゆるアーバンミュージックを熱烈に愛するようになった。幸い、韓国に戻ってからも、その愛をつなぎとめることができた。当時の韓国には在韓米軍向けにアメリカの番組を流すチャンネルがテレビにもラジオにもあり、僕は朝から晩までその放送にはまって、アーバンミュージックの流れを追いかけた。それが15年後に、パク・ジニョンという歌手、JYPという会社の土台となったのだ。

アメリカ生活でもうひとつの印象的な記憶は、飛び級をしたことだ。アメリカに渡った僕は比較的早く英語が話せるようになり成績もよかったので、小学校2年生を終えると4年生に飛び級した。そういう子どもはニューヨーク全体でも3人しかいなかったので、僕の両親はとても誇りに思ったという。両親が喜ぶ姿を見て、僕も本当に幸せだった。自分が親の自慢の種になれたことがうれしくて、これからも両親のために勉強を頑張ろうと心に誓ったのを覚えている。

ところがまもなく、僕はもっと強烈な人生の目標を見つけた。そして、その目標は40歳になるまで僕を支配することになった。あの瞬間から、それまで僕がしてき

Michael Jackson

たことはすべて、目標を達成するためのものになった。その目標
とは、ズバリ「愛」だ。ところで、愛に対する僕の幻想は他の人
よりはるかに大きいものだったということに、この本を書きなが
らあらためて気づいた。何度書き直してもこの幻想の強烈さがう
まく伝わらず、細かく説明しなければならなかった。他の人にと
って愛が漠然とした幻想なら、僕にとっての愛は必ず叶えなけれ
ばならないものだったのだ。そして、実際に叶えられると信じて
いた。他の人にとって愛とは叶えるべき数多くの目標のひとつだ
とすれば、僕にとって愛は唯一の目標だった。勉強も、歌手にな

勉強を頑張ろうと心
に誓った。

ることも、音楽も、ビジネスも、僕にとってはいつもこの目標を達成するための手段にすぎない。始まりはこうだ。

　同じクラスにペニーという女の子がいた。僕は気づけばその子のことをいつも目で追っていて、彼女の目、鼻、口、笑顔、話し方、そして茶目っ気のある性格まで、すべてがかわいく見えた。家に帰ってもずっと彼女のことばかり考えていた。そんな気持ちになったのは初めてだったので、この感情の正体がなんなのかもわからなかった。日増しにその感情は膨らんでいき、僕の心のなかにあるすべてのものを押し出してしまった。両親が喜んでくれたときの幸せ、マイケル・ジャクソンの音楽に合わせて踊っているときの幸せとは次元が違う。僕の心はペニーのことでいっぱいになり、それ以外に何も入り込む余地がなくなってしまったのだ。そのうちに、彼女を見ていることさえつらくなった。でも、告白する勇気はない。耐えられなくなった僕は、ついにペニーにガールフレンドになってほしいと書いたメモを渡すことにした。

　告白のメモを手渡すと、後悔と不安が押し寄せてきた。次の日学校に行くまで、僕は人生でいちばん長い夜を過ごすことになった。翌朝、教室に入った瞬間、僕を見て困惑する彼女の表情から、直感的に彼女の答えがわかった。彼女は僕を傷つけないように気を使ってくれたが、耐えがたいほどの絶望感にさいなまれた。ペニーが僕のことを好きになってくれたらそれだけで幸せ

だ、それ以上は何も望まない——そう思っていたのに……。それが叶わないという挫折感をどうやって乗り越えればいいのかわからなかった。

　でも僕は、そのことをきっかけに、異性を好きになるという感情がどれほどパワフルなものかを知った。そして、そういう感情を相手に届けて恋を実らせることが人生の確固たる目標になった。そのためには、特別にカッコいい男にならなければならない。そうすれば、またペニーのように特別でカッコいい女性に出会ったときにふられることはない——。こうした感情は、小学生のころに誰しも一度はもつものかもしれない。でも僕は不幸にも、40歳になるまでこの確信が一度も揺らがなかった。それがなぜ「不幸」なのかは、本書を読み進めるうちにわかるだろう。

　小学4年生の終わりに韓国に戻ってきた僕は、5年生になるとまた女の子を好きになった。やっと収まったと思ったあの感情がふたたび湧き上がってきたのだ。ペニーに夢中だったときの感情と同じだったが、ひとつ年を重ねたせいかさらに強烈になっていた。今回も、その子が僕を好きになってくれさえすれば他に望むものはないほど幸せになれると思ったが、ペニーのときのことを思い出すと自分から告白はできなかった。あのときのように、つらい気持ちでその子を見つめているしかなかった。5年生が終わるころ、クラス分けでその子と離ればなれになるかもしれないと

思うと気が変になりそうだった。なんとかして6年生でも同じクラスになりたいと考えた僕は、とんでもない計画を立てた。

　当時、進級したときのクラスは成績をもとに決められていた。男子も女子も成績が1番の子は同じクラス、2番は2番で同じクラスという方式だ。僕は当時、男子のなかで成績が1番になりそうだった。女子のなかにずば抜けて勉強ができる子がいたので、その子が女子で1番になり、目当ての彼女は2番になる可能性が高いと考えた。だとすると、僕はなんとしても2番にならなければならない。学年で1番になることよりその子のそばにいることのほうがずっと大事だから。僕は最後のテストでわざと成績を落とし、どうか2番になりますようにと祈った。すると、奇跡が起きた。その子と僕はそれぞれ学年2番になり、晴れて同じクラスになれたのだ。クラス替えの発表の日、僕は何食わぬ顔をしていたが、心のなかは飛び上がりそうなほどうれしかった。

　でも、また1年があっというまに過ぎ、卒業式直前になってしまった。もうその子に会えないと思った僕は、卒業式の場で告白しようと心に決めたが、友達や家族がいたのでタイミングがつかめず、その子の姿が遠ざかるのを見ているしかなかった。そうやって、その子は僕の人生から去っていった。生きる理由も希望さえも消えてしまった気がした。そのとき、僕はふたたび決心した。世界でいちばんカッコいい男になってやる。そして今度好き

あの瞬間から、それまで僕がしてきたことは
すべて、目標を達成するためのものになった。
その目標とは、ズバリ「愛」だ。
ところで、愛に対する僕の幻想は他の人より
はるかに大きいものだったということに、
この本を書きながらあらためて気づいた。
何度書き直してもこの幻想の強烈さがうまく
伝わらず、細かく説明しなければならなかった。
他の人にとって愛が漠然とした幻想なら、
僕にとっての愛は必ず叶えなければ
ならないものだったのだ。
そして、実際に叶えられると信じていた。
他の人にとって愛とは叶えるべき数多くの
目標のひとつだとすれば、僕にとって愛は
唯一の目標だった。

な人が現れたら絶対に逃すものかと。それこそが僕が生きるための理由だった。

I want to
live for LOVE!

2

035

中学2年生をさかいに、僕の人生は大きく変わった。学校で「問題児」と呼ばれるグループとつるむようになって、成績が落ちはじめ、両親の心配は増していった。自習室に行くと嘘をついては、学校のあった華陽洞と千戸洞の路地裏をうろつきながら、中学生がしてはいけないことをしていた。母はそれを全部知っていて、涙ながらに僕を叱りながらも、父には隠してくれていた。友達のような父だったが、僕が一線を越えるようなことをするとものすごい勢いで怒るからだ。そのころの僕の行動はほとんど一線を越えることばかりだったため、何度か父にばれて、ぼこぼこにされたこともある。でも不思議なことに、母は一度もその子たちと遊ぶなとは言わなかった。仲間のなかには、中学校を何度か退学させられて僕より2歳年上の子もいたが、彼を家に連れてく

るたび、母はおいしい料理やおやつを用意してくれた。あとになってからなぜそうしたのかと母に聞いてみると、**母も実は僕の仲間が怖かったのだが、僕を最後まで信じたかったのだ**と答えてくれた。

　当時、父は成績が下がりつづける僕を心配して、クラスで1番になったら欲しいものをなんでも買ってくれると約束した。僕はそのチャンスを逃さなかった。すぐ次のテストで死ぬほど勉強して1番になった僕は、バイクを買ってくれと父にせがんだ。当時は中学生がバイクに乗るなんてとんでもない話で、暴走族という概念もない時代だ。それでも僕のしつこい説得に負けた父は、結局バイクを買ってくれた。バイクといっても45ccのスクーターだったが、クラッチレバーを握るだけで何もしなくても自分の体が前にすべりだす感覚に魅せられた。両親は経済的に余裕があったわけでもないのに、息子にねだられると突っぱねられずにスクーターを買い与え、それでいながら、僕が事故を起こすのではないかと毎日気をもんでいた。スクーターを買うとき、父はひとつ条件を出した。絶対に家から遠くには行かないこと。僕は父に約束したあと、スクーターを受け取ったとたんに髪を〈ウエラフォーム〉のジェルで固め、〈Carrera（カレラ）〉のミラーサングラスをかけ、ウォークマン（当時はカセットテープを入れるタイプだった）で音楽を聴きながら、町をひょいっと抜け出して数キ

ロ離れた明星女子高へと向かった。それ以来、僕は高校2年生までバイクを乗りまわした。もちろんそれはとんでもない教育法で、ひとつ間違えば事故で死んでしまう可能性もあったが、両親は成績を人質にとった僕の脅迫に勝てなかったのである。

　そうこうするうちに、僕の人生に大きな転機が訪れた。漢江を渡ったソウル江南地域の蚕室に引っ越したのだ。中学生のとき、仲間とつるんでいて喧嘩に巻き込まれることはよくあったが、両親がもはや手をこまねいていられない事件が起こった。高校入試が終わったある日、以前、僕の仲間との喧嘩でけがをした子たちが、僕のうちのマンションのエントランスの陰で待ちぶせし、僕に襲いかかってきたのだ。ロビーで大喧嘩が始まり、マンションの住民たちもみんな驚いた。母は僕がここまで危険にさらされているとは知らなかったので、大きなショックを受けた。その事件をきっかけに母は一大決心をして、わが家は僕の友達が住んでいない川の反対側の蚕室に引っ越すことになったのである。

　引っ越しをしてからは中学校の友達とは自然と距離ができ、僕の生活も大きく変化した。蚕室は、中学時代を過ごした町とは比べものにならないほど明るい世界のように感じられた。蚕室でできた友達は、中学の友達と比べてみんな純真で子どもっぽかった。僕はその明るい世界で生活しながら、やがて大学生になった。大学に入学してまもなく、学科の事務室に僕宛ての手紙が一

通届いた。差出人は中学でいちばん仲のよかった友達で、その住所はなんと拘置所内だった。僕が延世大学に入学したと聞いて、お祝いの手紙を送ってくれたのだ。「ジニョンのことがとても誇らしい、中学のときからきっと成功すると思っていた」という内容だった。ありがたかったが、僕の心はひりひりと痛んだ。友人は重い罪を犯して拘置所に収監されていたからだ。その手紙を最後に、僕は暗い世界との縁をきっぱりと切った。

　中学２年生と３年生で友達と交わした友情はきらきら輝いているものの、その２年間は僕にとって暗い記憶として残っている。でも、この２年という期間がなかったら、今の僕は存在していないだろう。歌手になって会社を立ち上げた当時、芸能界には組織暴力団とつながりのある会社が多かったため、脅迫を受けることも少なくなかった。でも僕は、暗い時期があったおかげでたいていのことには動じない人間になっていたからだ。

　中学時代の２年間、暗闇のなかにだけいたわけではない。愛に対する僕の幻想はまだ続いていた。小学４年生でペニーにふられ、６年生のときには片思いの相手に告白もできなかったくせに、この幻想は、いつか僕が大人になって成功すれば叶うものだと思っていた。ところが、その夢が、中学２年生でいきなり現実になったのだ。当時、僕も僕の仲間も中学生にしては大人びていたので、友達のお姉さんやその友達とよく遊んでいた。当時、僕

039

にとってその友達のお姉さんは世界でいちばん素敵な女性だった。小学4年生や5年生のときに好きだった同い年の子たちが少女なら、そのお姉さんは女性だった。僕より3歳年上だったからか、僕の目には限りなく魅力的に見えた。頭がよく、面白くて、魅力的で、何よりセクシーだった。ヘアスタイルからファッションまで、あまりに素敵すぎて、違う世界の人のように感じられた。

そんなある日、信じられないことが起きた。みんなで遊んでいてもそのお姉さんは僕をとくにかわいがってくれていたのだが、それは僕が彼女の弟の友達だからだと思っていた。ところがあるとき、彼女が僕のことを本当に好きなのだとわかり、とても驚いたのだ。おずおずと自分の気持ちを伝えると、彼女も僕のことが好きだと言ってくれた。そこで僕は、若者に典型的な告白のセリフを口にした。「オレと付き合わない？」すると、彼女は恥ずかしそうに笑って「うん」とうなずいた。信じられなかった。その日、僕たちは初めて手をつないで歩いた。途中で立ち止まり、「寒いよ」と言って彼女のデニムジャケットのボタンをとめてあげた。その瞬間、僕は全世界を手に入れたような思いに包まれ、映画の主人公にでもなった気がした。ペニーよりも、小学6年生のときの片想いの彼女よりも、100万倍も素敵な女性が自分の彼女だなんて……。彼女が他の男の子と手をつないだことがあるか

どうかは知らなかったが、僕にとっては初めての経験なので、彼女の手を握るだけで頭がくらくらした。これまで想像してきた思いを実際に感じてみると、それは想像よりはるかに強烈なものだった。デニムジャケットのボタンを下からひとつずつとめていくあいだ、ふたりは僕が夢見てきた幻想のなかの理想のカップルそのものだった。僕の人生の目標は叶えられた。あとはこのまま生きていけばいい。僕はそう思った。

　ところが、有頂天になっていた僕に、突然地面にたたきつけられるようなことが起きた。ある日、彼女のために用意したかわいい指輪と映画『フラッシュダンス』のチケット2枚を手に、僕は乙支路(ウルチロ)3街(サムガ)の地下鉄の駅で彼女を待っていた。でも結局、彼女は来なかった。一時間以上も待った挙句に、まるで悲しい映画の主人公のように『フラッシュダンス』をひとりで見ることになった。それが僕の人生における最初で最後の「ひとり映画」だ。その夜、彼女は連絡をしてきてこう言った。「ごめんね、どうしても弟に悪くて、こっそり付き合うことはできないの」。彼女の気持ちは十分に理解できた。そして、ふたりの恋はいっそう特別なものになったような気がした。「叶わぬ恋」——僕たちはまるで映画の主人公になったようだった。僕は悲しみに涙を流しながら、大学生になったら絶対に彼女とまた付き合おうと決心した。自分にとって彼女以上の女性はいないと確信していたからだ。

デニムジャケットのボタンを

下からひとつずつとめていくあいだ、

ふたりは僕が夢見てきた幻想のなかの

理想のカップルそのものだった。

僕の人生の目標は叶えられた。

あとはこのまま生きていけばいい。

僕はそう思った。

でも、それはただの勘違いだった。自分の姉が僕と付き合っていたとは夢にも思わなかった友達が、お姉さんに彼氏ができたと僕に話したのだ。その「彼氏」は、ローラースケート場のDJだった。裏切られた怒りに震え、僕はローラースケート場へ走った。そして、その彼氏の姿を見てショックを受ける。とても僕が太刀打ちできるような相手ではなかったからだ。ブースで音楽をかけていた彼は、ディスコタイムになるとリンクの中央で踊りはじめた。それは、マイケル・ジャクソンを見たとき以来の衝撃だった。観衆のなかで踊る彼はテレビに出てくる歌手のようで、その動きや表情やしぐさまでもがカッコよかった。音楽がピークに達したとき、彼は大きくジャンプして開脚したまま着地した。彼の脚が180度に開かれた瞬間、僕の胸も引き裂かれたような気がした。

　彼女が女神なら、彼は神だった。そして僕はただの中学生の坊やだった。彼女とまともにデートさえしたことなく、一度手をつないだだけの僕。それでも、最愛の恋人が他の男のもとに去っていったときのような痛みを覚えた。もっとつらかったのは、その彼がカッコいいという現実をただ受け入れることしかできなかったことだ。**そして、あらためて決心した。自分も必ずあんなカッコいい男になってやる、そして彼女と手をつないだときの気持ちを永遠に味わってやる。**でも、少なくともその時点では、その幸

せは完全に彼のものだった。彼は毎日、彼女の手を握っていられる。彼はきっと世界を手に入れたような気分に違いない。このことをきっかけに、僕は、世界でいちばん特別な女性と付き合うには、世界でいちばん特別な男にならなければならないと考えるようになった。そしてDJの彼こそが、僕にとっての特別な男の基準となった。だが不思議なことに、DJの彼と僕との縁はここで終わらなかったのだ。

2.中学、高校時代
——遠ざかる「特別な男」の夢

高校に進学してからも、僕は勉強に身が入らず、遊んでばかりだった。不良が遊び人に変わっただけだった。喧嘩こそしなくなったが、代わりにダンスとクラブに夢中になった。授業が終わるとバイクに乗って江南駅へ行き、コインロッカーに鞄を預けてクラブに通う。それが日課になった。ダンスも好きだったが、それよりも幻想のなかの彼女に会いたいという気持ちのほうが大きかった。

　そんなふうに遊びほうけて高校３年生になったころ、学校の掲示板にある告知が貼り出された。学校が創立されて以来初めて、直接選挙で生徒会長が選ばれるというのだ。立候補の資格は、成績が全校で25位以内ということだった。僕の成績はちょうど24位だった。面白そうだと思い、立候補することにした。ライバルは、全校で１番と２番の優等生ふたり。僕の公約は、学園祭を大型フェスティバルに変えるというものだった。詩や絵画の作品を展示する従来のおとなしい企画をやめて、人気歌手を招いて学園祭ライブを開催することを公約に掲げたのだ。僕は選挙演説の代わりに、休み時間に各教室をまわり、ダンスのパートナーだったヘソンとダンスを披露した（ヘソンは僕が歌手になってから僕のダンスチームのリーダーになり、のちにJYPの副社長に就任した）。僕たちがボビー・ブラウンの「エブリ・リトル・ステップ」に合わせて華麗に踊って教室を去るとき、背後から歓声が沸

き上がった。過半数の票を獲得した僕は、培明高校で初の直接選挙で選出された生徒会長になった。共学だったらもっとよかったのだが、残念ながら男子校だった。それでも、自分の目標である特別な男に少し近づいた気がして、とてもうれしかった。

　ところが、生徒会長になったものの、公約を守るのは簡単ではなかった。まず、学園祭に歌手を呼ぶにはお金が必要だ。そこで、いつも相談に乗ってくれる父に事情を説明して、なんとかお金を借りた。**そのお金を手に、僕はなんのあてもなく、当時、人気アーティストが数多く所属していた東亜企画を訪ねた。**いきなり押しかけてきた高校生がかわいく見えたのか、東亜企画の代表は当時のトップアーティストであるキム・ヒョンチョル、プルンハヌル、パク・ハッキの学園祭出演を約束してくれた。まったく信じられなかった。高校の学園祭にトップアーティストが来るなんて。それも３組も……。

　残る課題は、父に借りたお金を返すことだった。僕は学校周辺の学習塾を訪問しては、学園祭に出演する歌手たちのリストを見せて、学園祭のポスターに塾の広告を載せないかと提案した。いくつかの学習塾が応じてくれたので、幸いにも僕は父にお金を返し、学園祭も成功させることができた。これまでは誰も興味を示さなかった培明高校の学園祭に、たくさんの人がつめかけ、学校の広いグラウンドが観客であふれるという奇跡が起こった。

3組の大物アーティストがステージに上がるのに先立ち、僕が前座を務めた。今思えば恥ずかしい限りだが、当時の僕にはためらいなどなく、2曲続けて歌った。1曲歌い終わるたびに聞こえてくる拍手に僕はしびれた。それが歌手としてステージに立った初めての経験だった。もちろん、当時は自分が歌手になるとは夢にも思わなかったが、ステージに立ったときの強烈な印象は僕の頭にしっかりと刻まれた。

　ところが、生徒会長として学園祭を成功させて浮かれていた僕のプライドは、ふたたびがらがらと崩れ落ちる。その原因は、やはり同じ人物だった。僕は、そのころ一緒にクラブで遊んでいた友達と全国アマチュアダンスコンテストに出て決勝戦まで進出した。そこで再会したのが、中学時代に僕の心を引き裂いたあのDJだったのだ。**2度目に会った彼は参加者ではなく、審査員としてそこにいた。**ローラースケート場のDJの評判が口コミで広まり、梨泰院（イテウォン）に進出した彼は、梨泰院のクラブでも有名なDJになっていた。僕たちはステージを終えると、汗だくのまま審査員の特別公演を見た。彼はまたもや僕たちとは違う世界の人だった。白いスーツに身を包んだ彼は、僕たちとはレベルの違うダンスを披露した。ルックス、ヘアスタイル、さらには靴まで、すべてが完璧だった。彼が完璧であればあるほど自分たちがみすぼらしく見えた。そして、僕の愛する彼女が彼とさらに深い仲になっ

3組の大物アーティストが
ステージに上がるのに先立ち、
僕が前座を務めた。
今思えば恥ずかしい限りだが、
当時の僕にはためらいなどなく、
2曲続けて歌った。
1曲歌い終わるたびに聞こえてくる拍手に
僕はしびれた。
それが歌手としてステージに立った
初めての経験だった。
もちろん、当時は自分が歌手になるとは
夢にも思わなかったが……

たと友達から聞いたのも、そのときだった。

　彼よりもカッコいい男になってやると4年間頑張って、自分ではかなりレベルアップしたと思っていたが、彼はさらに先を行っていた。彼と彼女の距離はより縮まり、縮めるべき彼と僕の差はさらに拡がっていたのだ。ゴールはいっそう遠くなった。女神に会うためには自分が神にならなければならないと思っていたのに、その神はさらに大きな存在になっていた。でも、そのことがかえって僕の意欲を燃え上がらせた。絶対に彼より特別な男になってみせる。僕はいつも、望んだものを手に入れてきた。その経験から、愛も努力次第で手に入ると信じていたのだ。そのために、まずは目の前の目標である受験に成功して最高の大学に入ってやろうと考えた。

　そうこうするうちに、大学入試の日が近づいてきた。実は、僕は子どものころからそれほど勉強が嫌いではなかった。数学と物理などの問題を解くのが得意で、英語や国語もわりと好きだった。つまり僕は昔から、何かを理解したり応用したりする素質があったようだ。思い返せば、それは第1章で触れた僕の脳の構造と関係があるような気もする。とにかく、僕は勉強にはある程度の自信があったので、暗記科目は後回しにして、国語・英語・数学だけに集中することにした。国語・英語・数学の模擬試験で全国1位になったこともある。僕の当初の計画では、受験日の100

日前から暗記科目の勉強を始めればいいと思っていた。ところが
いざ勉強を始めてみると、暗記すべき範囲は膨大だとわかった。
それからはクラブも酒も女の子とのデートもすべて断ち切って死
ぬ気で勉強したが、時間はまったく足りなかった。

　つまり、僕は思い上がっていたのだ。入試では期待していた点
数を取れず、初めて後悔した。僕より勉強ができなかった友達が
僕よりもいい学校に進学し、僕よりいいポジションから人生をス
タートするのを目の当たりにして、しまったと思った。世界でい
ちばん特別な男になって世界でいちばん特別な女性を彼女にしな
ければいけないのに、受験で失敗したことによってその目標から
遠ざかってしまったのだ。もう理想の女性に出会えたとしても、
ペニーのときのようにふられたり、小学６年生の時のように告白
する勇気も出なかったり、中学２年生のときのように他の男に奪
われたりしてしまうのではないだろうか。でも、今さら取り返し
はつかない。無性に腹が立った。僕の夢に深刻な問題が生じたの
だ。

I MUST be special!

3

3. 大学時代
——歌手に
なってやる

053

大学入試で後悔したのもつかの間、僕はまたもや未来に対する不安など忘れ、天下の遊び人になった。高校3年生のとき、焦った父がソウル大、延世大、高麗大のどれかに合格すれば好きな車を買ってくれると約束してくれたおかげで、僕は当時の国産車で唯一のオープンカーを手に入れることができた。ルーフを外すことのできる白のコランド・ジープに、最高のオーディオセットを追加して夢の車を完成させた。

　僕は中学のときにはバイクを、大学のときにジープを買ってもらったので、僕も友達もみんな、わが家はお金持ちだと思っていた。のちに、わが家の全財産が京畿道一山の自宅のマンションだけだと知ってとても驚いた。そのときにやっとわかったのだ。やさしい両親が、僕にどれほど振りまわされて苦しんでいたのかを。

　父に買ってもらったオープンカーを乗りまわし、女の子たちと
クラブで遊ぶことが、僕の大学生活のすべてだった。そのころに
は、どうせ世界でいちばん特別な男になるなんて無理だと思うよ
うになっていた。もちろん、世界でいちばん特別な女性に出会う
夢も消えていた。人生の目標が消えたので、自分自身を強く突き
動かす原動力がなくなってしまった僕は、適当に努力し、適当に
遊び、適当な女性と結婚し、そこそこ幸せに生きていこうと思っ
ていた。

　ルーフを外すことのでき
る白のコランド・ジープ
に、最高のオーディオセ
ットを追加して夢の車を
完成させた。

そんなある日、僕の夢がよみがえるようなことが起きた。大学
１年生の最初の物理のテストでのこと。入学してから物理の授業
に一度も出席していなかったが、物理が好きだったのでテストだ
けでも受けてみようと思った。大学で習う公式を使えば答案用紙
の半分ですむところを、僕は高校で学んだ知識だけで問題を解い
たため、３ページも使って答えを書いた。数日後、物理学の教授
から研究室に呼び出された。てっきり叱られるのかと思ったら、
反対だった。教授は僕に、物理学科に専攻を変えてみたらどうか
と提案したのだ。高校で習った公式だけで解いた答えが、なんと
正解だったという。思ってもみない提案に戸惑ったが、ふたたび
人生で追いかけるべき新しい目標ができたような気がして、一瞬
乗り気になった。世界的な物理学者？　それはそれで特別でカッ
コいいじゃないか。僕はまじめに考えてみることにした。

　でもその日の夜、クラブで女の子たちと酒を飲んでいるうちに
悟ってしまった。僕は物理学者にはなれないということを……。
１学期に物理学のテストが３回あったのだが、僕の成績は100
点、０点、０点。判定はF、つまり落第だった。

　大学１年生が終わるころ、ついに本当にエキサイティングな提
案が舞いこんだ。行きつけのクラブでDJをしていたキム・チャ
ンファン氏が、僕に歌手になる気はないかと聞いてきたのだ。ク
ラブで僕が踊っているのを見て、何か特別なものを感じたらし

い。当時、キム・チャンファン氏は駆け出しのプロデューサー
で、シン・スンフン氏のデビューの準備をしていた（おかげで僕
は、シン・スンフン氏のデビュー曲「微笑みに映った君」を発売
前に聴くという特権にめぐまれた）。

　実をいうと、僕は少し戸惑っていた。自分に歌手の才能がある
とはまったく思っていなかったからだ。幼いころから僕と姉が踊
ると両親が喜んでくれるので、家ではしょっちゅう踊っていた。
また高校時代にはダンスコンテストに出場して賞も獲ったが、プ
ロのレベルにはほど遠いと思っていた。だから僕は悩みに悩んだ
が、その後、キム・チャンファン氏はシン・スンフン氏のデビュ
ーの準備で忙しくなったのか、なしのつぶてだった。しばらくし
て、華々しくデビューしたシン・スンフン氏はトップ歌手になっ
た。そうしてキム・チャンファン氏の僕への提案はうやむやにな
ってしまったが、この話は僕の頭から離れなかった。

「**歌手になってみようかな。もしかしたら才能があるのかも**」

　歌手になってステージに立つ自分の姿を想像するたびに、僕の
胸は躍った。何より人気歌手になれば、世界でいちばん特別な男
になれるのではないかと思った。そうすれば、また世界でいちば
ん特別な女性に出会えるかもしれない。消えていた僕の胸の奥の
火種がふたたび炎を上げた。それをきっかけに、僕は本格的に芸
能プロダクションを回りはじめた。でも、プロダクション探しは

1学期に物理学のテストが3回あったのだが、
僕の成績は100点、0点、0点。
判定はF、つまり落第だった。

簡単ではない。僕は２年間、歌手になるために奔走したが、どれも無駄骨だった。そんなある日、思い出したようにキム・チャンファン氏からまた連絡があった。彼はシン・スンフン氏に続き、キム・ゴンモ氏、ノイズのデビューにも成功し、トッププロデューサーになっていた。彼から僕への提案は、カン・ウォンレ先輩、パク・ミギョン先輩と一緒に３人組のダンスグループでデビューしたらどうかというものだった。僕は飛び上がるような気分で、すぐさま先輩たちと練習に励んだ。まもなくして、僕とカン・ウォンレ先輩がキム・ゴンモ氏のバックダンサーに起用され、ク・ジュンヨプ先輩、キム・ソン氏と一緒に４人でステージに立つことになった。そのときの僕はバックダンサーにすぎなかったのに、キム・ゴンモ氏への歓声が自分に向けられたもののように聞こえた。これまで感じたことのない喜びに胸がいっぱいになり、これこそ自分が本当にやりたかったことだと確信した。

　そうこうするうちに、今の僕の原点ともいえる出来事があった。当時、シン・スンフン氏のプロダクションでアーティストの音楽を数多く手がけていた作曲家、キム・ヒョンソク氏に会ったのだ。彼の第一印象は、僕が抱いていたイメージとはかけ離れていた。僕は、作曲家といえば苦悩する芸術家のような姿を思い描いていたのだが、キム・ヒョンソク氏はまるでいたずらっ子のような雰囲気で、その実力を疑ってしまうほどだった。しかし、彼

の曲作りの様子を間近で見て、楽器をひとつひとつ演奏して音を重ねていくその姿に完全に魅了されてしまった。それまで僕はただ音楽を聴くだけで、実際に音楽をつくっていく作業を見るのは初めてだったからだ。なんとしてでも彼のそばで曲づくりを学ばなければ、と強く思った。

それから2年間、僕はキム・ヒョンソク氏についてまわった。自ら彼の使い走りとなり、運転手役も買って出た。僕は6歳のときからクラシックピアノを弾いてきたので、彼の作業をある程度まねることができた。でも、コードについての知識はまったくなかったため、和声学の基礎からやり直さなければならなかった。ありがたいことに、彼は本当にやさしい先生だった。僕が質問すると、自分が知っていることを一から十まですべて惜しまず教えてくれるのだ。彼のそうした愛情は、のちに僕が会社を立ち上げて後輩たちを育成するための非常によいお手本となった。韓国最高のミュージシャンだったキム・ヒョンソク氏のおかげで、僕は作曲の理論と実践の両方をしっかり学ぶことができたのだ。

そうしてキム・ヒョンソク氏のもとで作曲の実力をつけていきながら、僕は「Don't leave me」をはじめとする多くの曲をつくりはじめた。そんなある日、僕はキム・チャンファン氏のオフィスに呼ばれた。準備中だった3人組のグループのデビューを白紙にするというのだ。空が崩れ落ちるようなショックを受けた。

「今さらそんなことを言うなんて。これからどうすればいいんですか」と訴えてみたものの、返ってきた答えは「おまえはいい大学に通っているじゃないか」だった。オフィスをあとにしたあの瞬間を、今でも忘れられない。それは暖かい日差しが降り注ぐ午後だったが、僕には砂漠にいるように感じられた。僕はずっと歌手デビューの準備をしていたので、ろくに大学の単位もとっておらず、就職もとても無理というレベルの成績だった。これからどうやって生きていけばいいのか。目の前には絶望しかなかった。

　大学受験のときに味わった挫折感が、自分は世界でいちばん特別な男になれないというものだったとするなら、今度はもはや平凡なレベルさえも保証されない人間になってしまったのだ。このままじっとしてはいられないと思い、芸能プロダクションを片っ端から当たってみたが、僕を受け入れてくれるところはまったくなかった。気の毒に思ったク・ジュンヨプ先輩が、SMエンターテインメントのイ・スマン会長とのオーディションまで設定してくれたが、僕はまたもや失敗した。最後の希望まで奪われた僕は、世界でいちばん高いところを目指すどころか、どん底に突き落とされた。

　ところが、幸いにも思いがけないチャンスがめぐってきた。僕の師匠、キム・ヒョンソク氏が電話をくれたのだ。ある映画会社が新人アーティストを発掘しているから一度会ってみたらどうか

僕はキム・チャンファン氏の
オフィスに呼ばれた。
準備中だった3人組のグループの
デビューを白紙にするというのだ。
空が崩れ落ちるようなショックを受けた。
「今さらそんなことを言うなんて。
これからどうすればいいんですか」
と訴えてみたものの、返ってきた答えは
「おまえはいい大学に通っているじゃないか」
だった。

とのことだった。選り好みしている場合ではない。すぐさま駆けつけると、幸いにも気に入ってもらえ、すぐに契約した。僕はデビューの準備を始めた。

　こうして歌手の夢に向かって本格的に走りはじめたころ、驚くような出来事が起きた。遠い将来、いつか出会えるだろうと思っていた夢の女性に、いきなり出会ってしまったのだ。友達に会うために出かけた先で、僕の夢のヒロインが座っていた。初めて彼女を見た瞬間、これまでに感じたことのない不思議な気持ちになった。今までなら、気に入った女性を見ると胸がときめき、うきうきしたものだった。ところが、彼女を見たときには不思議と心が落ち着き、「**この人となら一生をともにしても飽きないだろう**」という神秘的ともいえる感情に包まれた。これまではどんな女性と付き合っても、最初に出会ったときの情熱は時間とともに色あせていった。他の人にとっては当たり前のことかもしれないが、それは僕にとって大きな問題だった。というのも、僕は愛を通して「完璧な永遠の幸せ」を叶えることを目標にしていたからだ。ところが彼女のルックス、表情、言葉、そのすべてがずっと見ていても飽きることはなさそうだった。これまで味わったことのない、奇妙で特別な感情だった。その正体はいったいなんなのだろうと僕は頭をひねったが、彼女と付き合いはじめてこの感情が一時的なものではないという確信を得た。世界でいちばん特別

な男にならなければ出会えないと思っていた理想の女性に、人生のどん底で出会ったのだ。

　僕は、夢を叶えるにはふたつのことが必要だと思っていた。ひとつは、僕がいちばん特別な男になること。もうひとつは、その後に世界でいちばん特別な女性に会って結婚することだ。それなのに、いきなり特別な女性に出会ってしまったのだからうろたえてしまった。こうして、僕の夢の計画は完全に書き換えられた。それからは、世界でいちばん特別な女性に会うために成功するのではなく、今出会ったこの特別な女性のために成功することが僕の人生の目標になった。

　しかし、それまでにつらい経験をしてきたせいで、僕の「成功」の基準はだいぶ低くなっていた。デビュー当時の僕の夢は、「Don't leave me」が音楽ランキング番組で20位以内に入ることだった。20位圏内に入れば、そこそこ有名になれるからだ。自分のことを「Don't leave me」を歌った歌手だと紹介できる程度成功を果たせば十分だと思っていた。それだけでも、つらく絶望的だった時期を考えればお釣りがくるほどだ。これまでの厳しい状況のなかでプライドを叩きのめされたせいで、「世界でいちばん特別な男」はもはや僕の夢ではなくなり、しばらく歌手として活動したら、あとはそれを土台にエンターテインメント会社や貿易会社に就職して彼女と結婚しようと思った。幼いころから夢

見ていた華やかな結婚ではないが、僕にとって特別な彼女に出会えたのだから、それだけでも十分幸せになれると信じていた。

　現実的な目標をもった僕は、ファーストアルバムをリリースし、これで目標を達成できそうだと浮かれていた。でも、それすら思い通りにはいかなかった。僕の所属事務所は、歌手のプロデュース経験がまったくなく、アルバム発売から１年経っても、テレビやラジオ番組に出演する機会さえ与えられなかったのだ。このまま自分の歌手人生の幕を降ろさなければいけないのか──僕はそう悲観した。ＳＭエンターテインメントのオーディションに落ちたときと同じく、どん底に落ちていった。しかも今度は、僕だけではなく彼女も一緒にみじめにさせてしまうので、たまらない気持ちだった。もうこれ以上、漠然と夢を追いかけてはいられない。どんな会社でもいいから早く就職しなければと思った。歌手としてのキャリアを活かして就職をしようと思っていたが、すでに友達よりもずっと後れをとっていて、はるかに不利な立場で仕事を探さなければならない状況だった。

　そんなころ、もう一度不思議なことが起こった。僕の歌がテレビのＣＭソングとして使われたのだ。ファーストアルバムの流通を担当していた会社は、サムスンがエンターテインメント事業に進出するために設立したサムスン映像事業団だった。同じサムスングループ系列の広告代理店である第一企画が、ＣＭソングを決

める際に、サムスン映像事業団が取り扱っていた曲のなかから「Don't leave me」を選んだのだ。そのCMは〈センスミント〉というガムの広告で、モデルは俳優のチョン・ウソン氏だった。当時はチョン・ウソン氏も新人で、ほとんど無名だった。CM映像の下のほうに〈パク・ジニョン「Don't leave me」〉というテロップがつけられ、僕の歌はやっと日の目を見ることになった。歌がいいという口コミはすぐに広まり、しかもチョン・ウソン氏をパク・ジニョンだと誤解する人もいて、パク・ジニョンはすごいイケメンだという噂まで立った。

そして、ついに人気テレビ番組の『土曜日、土曜日は楽しい』に出演するチャンスがめぐってきた。そのときのプロデューサーは僕を見てこう言った。「成功したければ延世大学の学生だということをアピールしたほうがいい。初出演は大学のキャンパスで撮ろう」。アーティストとしての僕のプライドは傷ついたが、プロデューサーの作戦は成功した。「延世大生のダンス歌手」というキャッチフレーズは世間の注目を集め、加えて僕の激しいダンスと歌は人々の度肝を抜いた。

もうひとつ話題になったのは、面白いことに僕が通訳をしたことだ。『土曜日、土曜日は楽しい』のスタッフから「英語でインタビューができるか？」と聞かれたので、「できる」と答えると、トム・クルーズが韓国を訪問した際のインタビューを任され

たのだ。当時、海外のスターへのインタビューは、形式的で堅苦しいものが多かった。ところが僕は、トム・クルーズにニコール・キッドマン（トム・クルーズの当時の妻）をネタにしたジョークを言い、それにトム・クルーズが大笑いしたので、愉快なインタビューができた。1990年代初頭まで英語ができる芸能人はほとんどいなかった。ましてや海外のトップスターを笑わせる通訳は珍しく、誰もが僕のことを何者なのかと思うようになった。こうして、知的なイメージと遊び人のイメージの両面を押し出すことで、僕は芸能界に確かな足場を築くことができた。『土曜日、土曜日は楽しい』のオンエアから数カ月で「Don't leave me」はあらゆる音楽ランキング番組で1位を占めた。僕はスターになっ

たのだ。そして、不可能だと思ってあきらめていた夢が息を吹き返した。ふたたび世界でいちばん特別な男になれる、そして世界でいちばん特別な愛を彼女に注ぐこともできる——そんな気がした。中学2年生のときから追いかけていたあの「神」と「女神」より、もっと特別な愛を手に入れることができるのだ。

ちょうどそのころ、僕を当惑させるような出来事があった。僕にとって神のような存在だったあの彼に、いきなり再会したのだ。SBSラジオの出演を終えた僕がスタジオを出ると、彼が廊下で待っていた。彼はおずおずと僕にCDを差し出しながら、こうあいさつした。「こんにちは、パク・ジニョンさん。あなたの大ファンです。今度、新人歌手としてデビューする○○○です」。神のように思っていた彼が、今は僕の前に弱々しい人間として立っていた。僕はあまりの驚きに一瞬体がこわばったが、丁重にそのCDを受け取り、「はい、頑張ってください」と声を掛けてその場から立ち去った。僕が彼のせいでどれだけ涙を流したか、彼のせいでカッコいい男になるためにどれほど汗を流したか、彼は少しでも想像しただろうか。僕と彼との長くて太い因縁に、彼がまったく気づいていないことが不思議だった。

エレベーターに乗ってから、あらためて彼のCDを見た。カバーは野暮ったく、車のなかで聞いてみると音楽もかなり雑だった。そのあとに見た彼のダンスにはがっかりさせられた。結局、

彼の曲も名前もラジオで紹介されることなく、姿を消してしまった。**あの男が、本当に今まで自分が追いかけてきた目標だったのか。僕は急に怖くなった。** 彼を神だと思っていたことが錯覚だったとしたら、彼と付き合っていた彼女を女神だと思っていたことも錯覚だったのだろうか……。そして、ふたりを結びつけていると信じていた「特別な愛」も、もしかしたら幻だったのだろうか……。

What was I chasing?

長期戦略を立てる

前章で述べたように、デビュー当時の僕の夢は「Don't leave me」が音楽ランキング番組で20位以内に入ることだった。ところが「Don't leave me」がすべての音楽番組で１位になったことで、僕は国民的スターになってしまったのだ。番組に一度も呼ばれなかった僕が、いまや出演のオファーを断るのに忙しくなった。当時の放送局は絶大な力を持っていて、出演依頼を断るためにはマネージャーを通してプロデューサーに事情を説明し、スケジュール表を見せて頭を下げなくてはならなかった。それでも各局のプロデューサーたちは問答無用でスケジュールを詰め込んだので、僕は車やバイク、果てはヘリコプターまで使って移動し、殺人的なスケジュールをこなしていった。一日に出演予定が５つも入っているのは当たり前だったが、こんな目の回るような日々

にあっても、僕は芸能人の道を選んだことを一度も後悔しなかった。芸能界に入ると誰でも一度は、「この仕事は本当に自分に合っているのだろうか」と疑問に思うらしいが、僕はますます楽しんでいた。小学4年生のときから抱いていた**「世界でいちばん特別な愛」**を手に入れるという夢を、ふたたび取り戻したのだ。何よりも、その夢のヒロインはすでに僕のそばにいる。とにかく僕は、歌手のなかでもトップになりたかった。

そんなとき、突然、重大な岐路に立たされた。僕はスターになっても、いつもガールフレンドと手をつないで平然とデートしていた。ところがある日、所属事務所の社長から呼び出しをくらった。彼女の存在を隠すように告げられたのだ。そのころは青春スターたち、なかでも若手の歌手は恋人がいてもみんな秘密にしていた。芸能生活を支えてくれる熱烈なファンたちが離れてしまうからだ。僕は頭を抱えた。いくらふたりの未来のためだとしても、今の日々の幸せを犠牲にしたくはない。

そこで、彼女の存在を公言することにした。さらには一歩踏み込んで、セカンドアルバムのタイトル曲として「Proposal Song（プロポーズ・ソング）」という曲までリリースした。韓国の芸能界では前代未聞のことだった。当然、所属事務所の懸念通りのことが起こった。アルバムの売れ行きは振るわず、放送局やコンサート会場に足を運んでくれるファンも激減した。ファン投票の

イベントでも、他の歌手に遅れをとるようになり、僕はやっと、自分がしでかしたことの意味を痛感した。確かにスターになれたものの、熱烈なファンの後押しを失った僕は、「トップの中のトップ」にはなれない運命になってしまったのだ。本当に無謀なことをしたものだ。でも、後悔はなかった。そのときから、僕はこんな言葉を心の中で繰り返すようになった。

「**20年後を見てみろ**」

本当は恋人がいるくせに、カメラを向けられると「僕の恋人はファンのみなさんです」と言ってのける歌手たちが憎たらしかったが、その気持ちもわからなくはなかった。そこで僕は10年後、20年後を見据えることにした。そのころになれば、どうせファンの数の競争ではなく、実力の勝負になるはずだ。だから今は未来に向けて準備しよう。人気で「トップの中のトップ」になれないなら、実力でのし上がってやる——そう決意したのだ。

20年後にトップに立つと決めた僕は、健康管理、ダンスと歌のレッスン、作曲の勉強に打ち込んだ。他の歌手が遊んでいたり寝ていたりする間、自分は努力しなくては。そう思って、僕は寸暇を惜しんだ。不規則な芸能生活の中にあっても日々のルーティンを欠かさず、オフのときには曲づくりに没頭した。そのせい

で、今でも僕は変な生活をしている。時間の節約のため、服は季節ごとに2セットずつ用意して、その2セットだけを交互に着る。ズボンはベルトのいらないゴム紐のものをはき、靴も紐靴ではなくスリッポンシューズだ。こうした時間に対する僕の強迫観念は、この時期に身についたものだ。

「20年後を見てみろ」と言ったはいいが、つらくて、うんざりするような毎日だった。実力があっても評価されない、その悔しさをこらえながら努力するのも容易ではなかった。でも、夢をあきらめることはできなかった。他に道もなく、逆にこの悔しさをバネにして僕は発奮した。そして幸いなことに、この努力は着実に身を結びはじめた。僕は25年間に12組のトップアーティストを世に送り出し、600曲を作詞・作曲した。さらに、そのうち56曲が地上波の音楽番組や音楽配信サイトで週間ランキングの1位に輝いた。一方で、僕と同じ時期に活躍していた歌手たちは、ひとり、ふたりと姿を消していった。心の中で何度となく繰り返してきた「20年後を見てみろ」という言葉が、現実となったのだ。今だから言うが、この20年をもう一度やってみろと言われたら、死んでも無理だと答えるだろう。ただ人に負けたくないという意地やプライドのためだけなら、あんな生活は続かなかったに違いない。小学4年生のときから夢見てきた「完全な愛」を手に入れるためだったからこそ、耐えることができたのだ。

「人気」を「リスペクト」に
変える必要がある。

人生にはよい選択もあれば悪い選択もあるが、その後の努力次第でよい選択になったり悪い選択になったりもする。彼女の存在をカミングアウトしたことは、当時としては確かに悪い選択だった。しかし、結果的によい選択に変わった。もし僕がファンの人気だけに頼って活動を続けていたら、今の僕はいなかったはずだ。スターになるには、誰でも一度は大きなハードルを越えなければならないものだ。

「人気」を「リスペクト」に変える必要がある。

　人気は永遠に続くものではない。だから人気があるうちに頑張って実力を蓄え、大衆からリスペクトされる人間に成長しなければならない。そのハードルを越えない限り、人気が落ちるのとともに消え去るしかない。僕は、不本意ながらも自ら危機を招いたおかげで、一足先にそのハードルを越えることができたのだ。

I'm the last man standing!

5

5. "タンタラ"
——ビニールの
スボンをはいた歌手

本格的に歌手の活動を始めると、腹が立ったり息苦しい思いをしたりする出来事に、僕は次々と出くわした。第一に、歌手に対するファッション規制だ。もちろんテレビ番組では衣装の規制が必要だろう。裸で出演させるわけにはいかないのだから。しかし、当時の規制はとても理解できないものだった。

　　サングラス着用禁止
　　髪染め禁止
　　イヤリング禁止
　　ヘソ出し禁止

青少年に悪影響を及ぼすという理由からだったが、歌手がサン

グラスをかけたら、なぜ青少年に悪影響があるのか僕にはわからなかった。それを決めた人たちは、本当に韓国社会を心配して規制をつくったのだろうか。それほど社会と国を心配するのなら、自分たちもふだんから道徳的で正義感にあふれた姿を示すべきなのに、僕の目から見た彼らの実生活はそれとは真逆なことも多かった。僕はあるとき、衝撃的な事件に出くわした。ある歌手のマネージャーが、業界で名の知れたプロデューサーに賄賂を渡すのを目撃してしまったのだ。自分の番組でしばしば辛口の社会批判をしていた人物が、当たり前のような顔をして賄賂を受け取る姿を見て、とてもショックだった。それ以外にも、マネージャーが放送局や新聞の関係者を接待するようなことは日常茶飯事だった。もちろん、みんながみんなそうとは限らないが、僕が見た限りでもごく一部の問題ではないように思えた。

　その人たちは正義というものを、「大きな正義」と「小さな正義」に分けているようだ。彼らにとって、賄賂を受け取らないことや妻に誠実であることは「小さな正義」で、だから自分がこれらに背いても「大きな正義」については批判していいのだ、と考えているようだった。正義とは、相対的なものではなく、絶対的な概念ではないのか。そんな実態を見た僕は、彼らが歌手のサングラス着用を問題にして社会に有害だからと規制することに納得がいかなかった。

その人たちは正義というものを、

「大きな正義」と「小さな正義」

に分けているようだ。

彼らにとって、

賄賂を受け取らないことや

妻に誠実であることは

「小さな正義」で、

だから自分がこれらに背いても

「大きな正義」については批判していいのだ、

と考えているようだった。

このような反感が積もり積もった末、僕は周囲をびっくりさせてやりたくなって、生放送に透明なビニールでできた衣装を着て出演した。世の中を変えてやろうなどといった大げさな使命感があったわけではなく、ただ僕のいら立ちを表わしたかっただけだ。放送が終わるやいなや、僕は放送局の局長に呼び出された。当時、放送局の局長といえば雲の上の存在だったが、局長の口から出た言葉は衝撃的だった。

「ジニョン君、君のような延世大学に通うエリートが、なぜタンタラ（訳注／芸能人を見下して呼ぶ言葉）みたいなまねをしてるんだ？」

　局長は僕のことを思って言ったのだろうが、僕にとっては大きな屈辱だった。**「そうか、いまだに韓国社会では歌手という職業がこんなふうに見られているんだな……」**。それまで知らなかった現実を突きつけられたような思いだった。歌手や芸能人という職業を見下した呼び方をするということは、自分たちが相対的に上だと思っているのだろう。だが、その根拠が何なのか僕にはわからなかった。この一件をきっかけに、僕はセカンドアルバムのタイトルを『タンタラ』と名付けた。そしてアルバムのオープニングトラック「I…（僕は）」でこう語りかけた。

5. "タンタラ"
　　──ビニールの
　　　スボンをはいた歌手

僕はタンタラ

　生まれたときも、

　今も、

　これからも、

　それが僕の誇りなのさ

　僕は、彼らが芸能人を見下して称した「タンタラ」という言葉
を、カッコよく塗り替えてお返ししてやりたかったのだ。その後
も、彼らの偽善的かつ権威的な態度に抵抗を感じるたびに、僕は
わざと常識外れな行動に走った。女性だけが性的な純潔を強いら
れている差別的状況にいら立ったときは、男性ヌードのグラビア
を撮った。また、青瓦台（訳注／大統領府）に招かれたときは、
旧世代の権威主義に反発して肌の透けたメッシュのシャツを着て
いった。僕のヌードが掲載された雑誌は、その月の月刊誌のうち
でトップの売上部数を記録したが、夜9時のニュースでは「性の
商品化」というタイトルで報じられた。その扱いに腹が立った僕
は、そのニュースをリポートした記者に電話をかけ、「グラビア
の中のインタビューは読んだんですか？」と問い詰めた。する
と、その記者はこう言い返してきた。「私はソウル大学を出たん
だぞ。生意気な口を利くんじゃない」。

青瓦台にメッシュのシャツを着ていったのは、偽善や権威への
いら立ちがピークに達していた時期だったが、幸いにも当時の大
統領は眉をひそめるどころか、むしろ面白がってくれて、特に問
題にはならなかった。もちろん翌朝のスポーツ紙の一面には「パ
ク・ジニョン、青瓦台で衣装テロ」という大見出しが躍ったけれ
ど。

　時代が変わり、芸能人を取り巻く環境はとても開放的になっ
た。社会の芸能人を見る目も大きく変わった。と同時に、僕の心
から常識をぶちこわそうという欲求も消えていった。しかし、当
時のイメージがよほど強烈だったらしく、いまだにビニールのズ
ボンとメッシュのシャツの話題がよく出る。また、僕が番組に出
演するたび、MCから「永遠のタンタラ」と紹介されるようにな
った。むかし局長に言われたのと同じ言葉だが、20年以上の時
を経て、その言葉の意味は完全に変わったのだ。

Call me a タンタラ！

6

JYPエンターテインメントを立ち上げる

「世界で最も特別な男」になるという明確な理由があった僕は、「延世大生」というタイトルと「ダンス歌手」という修飾語を身につけ、その後にさらに「ミュージシャン」「プロデューサー」「実業家」という修飾語を次々とつけていった。修飾語がひとつずつ増えていくたびに、目標に少しずつ近づいているような気がした。

　1996年、所属事務所との専属契約が破棄されて、幸いにも僕は自由の身になった。所属事務所が経営難に陥り、僕に支払うべきお金を支給しなかったのだ。当時いちばんの売れっ子だった僕は、多くの芸能プロダクションからラブコールを受けた。問題は、このラブコールが脅迫混じりのものだったことだ。当時は、現役の歌手が自分で会社を立ち上げるなどありえないことだっ

た。そのころは暴力団とつながっている芸能プロダクションも多く、現役の歌手が自ら事務所をつくるという前例を残すことを、彼らは望まなかったのだ。それでも僕は屈することなく今のJYPエンターテインメントを設立したが、幸い大した問題は起こらなかった。自前の芸能プロダクションをつくりたかった理由は簡単だ。

　　僕は特別だから
　　特別じゃないといけないから
　　それでこそ、彼女と僕が特別になれるから

　僕は、特別な会社を立ち上げた特別な実業家になりたかった。すでに歌手として3年の経験を積んで、歌謡界のシステムはある程度把握していた。またアルバムの企画・制作ノウハウもわかっていたため、新人歌手を育成することに恐れはなかった。あとは広報担当のマネージャーと、音楽づくりを手伝ってくれる作曲家さえいれば、会社をスタートさせることは可能だと思っていたのだ。幸いにも前の所属事務所が廃業したため、自分の担当マネージャーたちをそのまま連れてくることはできるが、作曲家はあらためて探す必要がある。多くの新人作曲家のデモ曲を聞いているうちに、ひとりの作曲家に目が留まった。それがまさに、今の

BTS（防弾少年団）をつくったビッグヒットエンターテインメントのパン・シヒョクだった。シヒョクは僕よりひとつ年下だったが、初めて会ったときから本当に不思議なやつだった。新人作曲家のくせにスター歌手の僕におもねるどころか、なんだかむくれたような顔で、ぶっきらぼうに話すのだ。僕にはそれがとても面白かったし、そういったところがむしろ信頼できた。

　当時、うちの会社のスタッフは僕とパン・シヒョク、それとマネージャーたちがすべてだったので、シヒョクは音楽作りとは無関係の業務までたくさんこなした。シヒョクと僕は一緒に徹夜することも多く、2日間にわたって一睡もできないこともしばしばあった。今思えば、よくぞ耐えてくれたものだ。彼には本当に感謝している。シヒョクは実に切れ者で、しかも正直でやさしいやつだった（本人は今でも否定しているが）。

　僕らには相違点が多かったが、ふたりをひとつに束ねてくれる共通点もあった。ふたりとも「Nerd（オタク）」な側面がある点だ。ふつうなら嫌気がさすような論理的分析や推論を何時間でも続けることができ、自分の感情や思いを論理に置き換えて話すという側面も似ていた。だから、はたから見たら「あいつら何やってるんだ」と冷やかされるほど、長時間にわたり真剣に話し合うことができたのだ。そんなわけで、シヒョクは仕事だけでなく、プライベートでも、僕のよい友達になってくれた。JYPエンタ

ーテインメントが会社としての体裁を整えることができたのも、
そんな彼をはじめとする当時の仲間たちのおかげである。

　次に必要なのは歌手だった。そこで、僕のCDの中に新人歌手
募集の告知パンフレットを入れてみたら、オーディション用のデ
モテープが届きはじめた。そうやって選ばれた初めての歌手がチ
ンジュとキム・テウ（g.o.d.）で、その後にパク・ジュン、
RAIN（ピ）、ピョル、ノウルなどを手掛けた。僕が歌手を選ぶ
基準は「心から一緒に仕事をしたいと思える人物か」。会社組織
なら金もうけのために才能と商業性を第一に据えるべきだが、幸
いにもうちの会社は僕の活動でかなり稼いでいたため、そのよう

ふたりとも「Nerd（オタク）」
な側面がある点だ。
ふつうなら嫌気がさすような
論理的分析や推論を
何時間でも続けることができ、
自分の感情や思いを
論理に置き換えて話すという側面も似ていた。
だから、
はたから見たら「あいつら何やってるんだ」
と冷やかされるほど、
長時間にわたり
真剣に話し合うことができたのだ。

な一般的基準からは多少自由でいられた。僕は面白い仕事がしたかった。お金を稼ぐのもいいし、成功するのもいいが、面白くなければ意味がない。新人歌手の育成を楽しむためには、この子が成功する姿をぜひとも見てみたいと思えるぐらい、誠実で人柄のよい人物を選ぶことが必要だったのだ。

　チンジュは彼女の夢に向けたパッションが僕の心を動かし、キム・テウは聡明で明るい彼の性格が愛らしかった。RAINは生真面目で誠実な態度にほれぼれした。その後もJYPエンターテインメントからデビューした歌手たちは全員、ぜひとも成功させてあげたいと思える理由をひとつずつ持っていた。だからこそ、僕は心から彼らのために働くことができたし、それが成功の土台になったのだと思う。この選抜基準は今もずっと維持されている。最初はつまらないことはしたくないという単純な理由からだったが、結果的に事業にも大きく役立った。最近のように隠しごとのできない時代は、芸能人の逸脱行為や私生活上の問題が一瞬にして致命傷になりかねないからだ。

　JYPエンターテインメントの成功の理由をもうひとつ挙げるとしたら、パッケージング（Packaging）能力ではないかと思う。僕は作詞、作曲、編曲、振付けが全部できるため、歌手をプロデュースする際に一貫性を持たせやすい。作曲家に曲を任せ、作詞家に歌詞を任せ、映像作家にミュージックビデオを任せ、振

付師に振付けを任せ、スタイリストにファッションを任せていたら、一貫性を保つことは大変難しかっただろう。

　僕は自分がプロデュースする歌手を長く観察し、追求すべきイメージを決めた後、そのイメージに基づいた曲を書く。そして曲づくり作業の合間に立ち上がっては、踊りながらダンスの振付けを考える。その途中で、ミュージックビデオのアイディアやファッションスタイルまで頭に浮かんでくるのだ。そのため、新人歌手たちは鮮明なイメージを持ってデビューすることができる。アーティストのイメージづくりで重要なことは、横の一貫性と縦の一貫性だ。横の一貫性とは、メロディー、歌詞、振付け、衣装やヘアスタイル、ミュージックビデオ、マーケティングなどに一貫性を持たせること。そして縦の一貫性とは、ファーストアルバム、セカンドアルバム、サードアルバムなど、発表する作品に一連の流れを持たせることだ。僕はこのような一貫性がうまく保てるように、アーティストのイメージを無理につくろうとせず、彼らの内面を引き出そうと努める。そうすることで、そのアーティストならではの魅力を存分にアピールすることができるのだ。これが我々の強みであるパッケージング能力だ。

　僕はこのように、歌手に始まり、作曲家、プロデューサー、事業家として自分のステータスを固めていきながら、僕自身を他のアーティストたちと差別化させていった。第5章で述べた「人

気」が「リスペクト」に変わる過程を無事にパスし、独自の領域をつくり出しながら、夢見ていた「特別な愛」を育むための準備を整えたのである。

Now I'm ready!

結婚

7

夢が叶う。しかし……

小学4年生のとき、ペニーに初めてときめいて以来、僕の人生の目標はいつも最高の女性と結婚することだった。ペニーが僕の気持ちを受け止めてくれさえすれば、小学6年生のときの片思いが実ってさえいたら、中学2年生のときの女神が僕から去ってさえいかなかったら、僕は完全に、そして永遠に幸せになれると確信していた。他の人にとって結婚は成功への過程のひとつかもしれないが、僕にとって成功は結婚のための過程だった。もちろん、この結婚はふつうの結婚ではなく、世界で最も特別な結婚だ。だからこそ、世界で最も特別な女性にふさわしい特別な男になることが、僕の人生の唯一の目標だった。

　ところが、この荒唐無稽な夢が本当に叶ってしまった。僕はこの愛がこれまで夢に描いてきた理想と完全に一致すると思い、結

婚を決意した。周囲からは「芸能人としての全盛期なのに、なぜ結婚するのか」と反対されたが、僕はためらわなかった。この愛がいっそう特別なものに思えたのは、ふたりが出会ったタイミングと、一緒に積み重ねてきた時間があったからこそだ。彼女と出会って1年ほどして、僕はいきなり国民的スターになった。すると多くの女性が僕に好感を示してきたが、それは彼女の愛には及びもつかないものだった。彼女は僕がまだ将来の見えない歌手の卵だったころから、そばにいて励ましてくれたのだから。芸能人と一般人の交際だったため、紆余曲折も多かったが、僕たちは出会いから6年目でゴールインした。僕は28歳にして、ついに人生の究極の夢である「最高の女性との最高の愛」を手にしたのだ。

　僕は理想の女性と結婚し、経済的にも豊かで、自分の専門分野でも認められる存在になった。子どものころ、狎鴎亭洞〔アックジョンドン〕とか清潭洞〔チョンダムドン〕といった街は憧れの場所だった。自分とは違う種類の人たちが住む別世界のように思っていたのだが、そこに自宅とオフィスを構えることもできた。それは僕が夢見ていた「特別」以上のものだった。一般的に言われる幸せの条件と、僕が夢見た幸せの条件、その両方を手に入れることができたのだ。まさにハッピーエンド。映画ならここで終われば、めでたしめでたしだ。しかし、人生は映画ではなかった。

いっそ彼女たちと実際に付き合っていたら、

どんな恋も

「完全で永遠の幸せ」を

与えることなどできないという事実に

早く気づけただろうに、

人生のスタートで受けた

いちばん強烈な刺激だけで

幻想を抱いてしまったのだ。

結婚してから少しずつ時間がたつにつれ、妙な戸惑いを感じるようになった。彼女と結婚して僕の胸をいっぱいに満たしていた幸せが、古びた風船のように少しずつしばみはじめたのだ。ふたりのあいだには何の問題もなかった。時の経過とともに、ときめきが少しずつ冷めていっただけだ。だからといって100点の幸せが80点とか50点になったわけではない。それなのに深刻に感じられたのは、バカみたいに僕がいつまでも100点満点を維持できると信じていたからだった。僕は「完全で永遠の幸せ」「冷めることも、飽きることもない愛」が本当にあると信じ込んでいたのだ。なぜなら、小学４年生のときのペニーや６年生のときの片思いの相手、もしくは中学２年生のときの女神ともし相思相愛になっていたら、永遠に幸せになれたに違いないという確信があったからだ。いっそ彼女たちと実際に付き合っていたら、どんな恋も「完全で永遠の幸せ」を与えることなどできないという事実に早く気づけただろうに、人生のスタートで受けたいちばん強烈な刺激だけで幻想を抱いてしまったのだ。

　28歳まで確信を持って追いかけてきた目標と現実のあいだにギャップが生じはじめると、僕はそれをどう受け入れたらいいのかわからなくなった。最初は問題の存在自体を否定したかった。愛する彼女にそんなそぶりを見せないのはもちろんのこと、自分自身までだまそうとした。ときめいたときの行動、ときめいたと

心の中にぽっかりあいた

隙間を感じる余裕がないくらい

自分自身を追い詰め、

僕はますますハードな

つらい仕事に挑戦していった。

7. 結婚
——夢が叶う。
しかし……

きの言葉づかいを完璧に維持しようと努力した。心の中に生じた空洞から目をそらそうとしたが、その存在は否定しようのないほど確かなものだった。しかし、その原因も解決策もわからなかった僕は、いっそう仕事に没頭した。心の中にぽっかりあいた隙間を感じる余裕がないくらい自分自身を追い詰め、僕はますますハードなつらい仕事に挑戦していった。

You can run, but you cannot hide.

8

つらい瞬間をたくさん経験してきたが、へこたれたりあきらめたりしたことは一度もない。失敗したときにはすぐに対策を立てて僕はふたたびチャレンジした。だから失敗を失敗のまま終わらせるようなことはなかった。僕には自信があったのだ。成功できるという自信ではなく、できるまでチャレンジを続けられる自信が──。不思議なことに、僕はこれまで、つらかったり悲しかったりしたことは多いものの、憂鬱だったことはない。もっと正確に言えば、自分自身に対して憂鬱になる余裕を許さなかったのだと思う。少しでも気持ちがむしゃくしゃした日には、絶対お酒に口をつけなかった。この習慣は今でも変わらない。このようなやり方で、僕は自分の目標をひとつずつ達成することができたのだ。歌手からプロデューサー、プロデューサーから制作者へと。

そんな僕に初めて、取り返しのつかない、そのまま受け入れるしかない「失敗」が訪れた。それはK-popのアメリカ進出だ。なぜ、よりによってアメリカなのかって？　世界最大の市場だということもあるが、何よりもアメリカは僕の愛する音楽の本場だからだ。例えばアメリカでテコンドーに夢中になった子どもが、大きくなってテコンドーの本場、韓国で認められたいと思うのは当然ではないか。僕もそうだった。わが社のアーティストが本場アメリカで認められる姿を見たかったのだ。もちろん、それがうまくいったときに会社に入ってくる天文学的な数字の収益もモチベーションとなった。

　まずは2003年、ロサンゼルスに滞在しながら、アメリカ進出の可能性を打診してみた。そしてアメリカの作曲家や歌手を見て、僕は自信を持った。それは彼らより優れているからではなく、彼らとは違うことをやっているという確信があったからだ。僕は韓国に戻ると、アメリカ進出について投資家たちを説得した。だが、会社の株主は即座に反対の意思を表明した。会社がうまくいっているのに、どうしてそんな冒険をするのか、というのだ。g.o.d.、パク・ジユン、RAINの相次ぐヒットでトップに登り詰めた今、なぜわざわざ危ない橋を渡ろうとするのか、理解できないという顔だった。

　株主たちの言い分ももっともだったが、僕はあきらめきれず、

理事会の場で合意を得た。ただし条件付きだった。アメリカ進出は許可するが期限を１年と区切り、それまでに僕がつくった曲を収録したアルバムがビルボードのトップ10にランクインできなければ夢をあきらめる、というものだ。韓国における僕の成功の土台は作曲能力にあったので、これがアメリカでも通用するのか証明してみろ、というわけだ。でも、僕がいちばん当惑したのは、アメリカ進出の全費用は会社の資金ではなく自腹で賄わなければならないことだった。

　当時の僕は個人の資産に無頓着で、収益をすべて会社に納めていた。芸能人としての収入は10：0で、すべて会社の収入となり、作曲家としての著作権収入まで会社に入れていた。今考えると歯がゆいくらい純朴だったわけだが、そのころは会社の仲間を差し置いて自分だけが財産を蓄えることを心苦しく思っていた。そんなわけで、アメリカ進出のために使えるお金はあまりなかった。ロサンゼルスに住む知人の家に居候し、マネージャーもいない中、自分の足でレコード会社を回った。当時はレコード会社がデモ曲をCDで受け付けていた時代だったため、毎日レコード会社を訪れてはデモ曲のCDを聞いてもらった。夜は曲作り、昼はレコード会社への営業という日々だった。一緒にアメリカに来ていたシヒョクが韓国に帰ってしまうと、僕はいよいよひとり取り残された気分だった。当時のアメリカのレコード会社には、

K-popどころか韓国という国についてもよく知られていなかったので、僕が韓国の有名作曲家であることを説明するのはむしろマイナスにしかならなかった。ただのアメリカの新人作曲家のようにふるまった方が選ばれる確率は高かったのだ。

　毎日が門前払いの連続で、デビュー前のオーディションの時代よりずっとひどい扱いだった。無名の新人が無名の扱いを受けるのは当然だと思えるが、一度スターになってから無名の扱いを受けるのはとてもつらかった。ある日、レコード会社を回っている途中でファストフード店に入り、ひとりでタコスを食べていたときのこと。在米韓国人の女子学生のグループがどやどやと店内に入って来た。そして僕を見つけて驚いたように、「Is that JYP?」と友達同士でささやきはじめた。パク・ジニョンがくたびれた格好で、ひとりでファストフードを食べている姿がおかしかったようだ。僕はうつむき、とぼけたふりをしてみたものの、何しろ一目見たら忘れられない外見なので、その場でミニサイン会を開くはめになってしまった。家に帰る途中、「俺は今、何をしているんだろう」という思いが押し寄せてきた。人気歌手の肩書は忘れて久しく、僕の中の夢は泡と消えていった。

　ところが、奇跡のようなことが起きた。2004年、株主たちとの約束の期限を数カ月後に控え、アメリカ進出の夢もそろそろあきらめかけていたころ、アメリカのあるレコード会社から連絡が

デビュー前のオーディションの時代より
ずっとひどい扱いだった。
無名の新人が無名の扱いを受けるのは
当然だと思えるが、
一度スターになってから
無名の扱いを受けるのはとてもつらかった。
人気歌手の肩書は忘れて久しく、
僕の中の夢は泡と消えていった。

来た。僕とシヒョクが一緒につくった曲「The love you need」を買いたいというのだ。そうして約束の期限の1カ月前の2004年8月、その曲が収録されたメイス（Mase）の『Welcome Back』がリリースされ、ビルボートのアルバムチャート第4位にランクインしたのである。その後、2005年と2006年にリリースされたウィル・スミス（Will Smith）とキャシー（Cassie）のアルバムにも曲が収録され、相次いでビルボードチャートのトップ10にランクインした。この快挙に株主たちも目を見張り、ようやくアメリカでの事業展開を許可してくれた。

　僕はすぐさま、RAINを売り込むことにした。アメリカ市場で最も人気が出そうだったからだ。ニューヨークでRAINの単独コンサートを企画すると、あらゆるメディアに営業をかけ、そのコンサートのことを紹介してほしいと頼み込んだ。韓国人特有の「毎日連絡し、つきまとう」スタイルを駆使したわけだ。幸い、いくつかのメディアが関心を持ってくれ、最終的には『ニューヨークタイムズ』の紙面でRAINのことが取り上げられた。すると他のメディアも追いかけ、RAINはアメリカで存分に活躍できるようになった。彼は2006年、『タイム』誌が選定する「世界で最も影響力のある100人」にも選ばれた。韓国の芸能人が各国の政治家やグローバルリーダーと肩を並べたのだ。想像もできなかったことだ。RAINはそれをきっかけにハリウッドにも進出する

ことになった。

　こうして築いたアメリカ・ショービジネスのネットワークとノウハウをもとに、僕は現地の最高のパートナーたちと手を組んで、〈ワンダーガールズ〉などの新人グループ３組をアメリカでデビューさせる手はずを整えた。ところが2008年秋、とんでもない事態が起こった。リーマンショックだ。世界の金融市場が崩壊し、韓国の総合株価指数も半値以下に暴落した。一般に韓国の芸能プロダクションは設立者自身が会社のオーナーであり経営者である。ところがアメリカのメジャーなレコード会社は資本家、すなわち金融界がオーナーだ。そのため直接的な打撃を受けたレコード会社は、超緊縮財政の中で極度に保守的な経営へと舵を切った。

　一度に何十人もの社員が解雇されるのは当たり前で、ワンフロアを丸ごとリストラしたレコード会社もあった。進行中のプロジェクトも、トップアーティストのものを除いてすべてキャンセルされ、リスクの高い新人のスケジュールは白紙に戻された。当然、K-popアーティストのアメリカ進出は真っ先にリストラの対象となった。それでも韓国やアジアで人気のワンダーガールズはチャンスを得て、ビルボードのメインチャートHot100に韓国歌手として初めて「Nobody」がランクインした。しかし、メジャーなレコード会社のサポートがない状態では限界がある。まして

や他のアーティストはチャレンジもできず、僕は韓国に帰るしか
なかった。

　こうしてK-popのアメリカ進出という夢は粉々に砕け散っ
た。5年にわたり準備した計画が水の泡となり、お先真っ暗になっ
てしまったのだ。ともにアメリカ進出を目指していた同僚やア
ーティスト、投資家に対して、合わせる顔がなかった。しかも会
社の経営に影響するほど大きな損失を出してしまった。やむを得
ない状況だったとはいえ、僕が周囲の反対を押し切ってチャレン
ジした結果だ。どうしても罪の意識を拭うことができず、僕は生
まれて初めての失敗を受け入れるしかなかった。また、「やはり
無謀な挑戦だったのだ」という周囲の嘲笑と非難にも苦しめられ
た。初めての挫折感と無力感で、僕はほとんど放心状態になって
いた。そんなとき、頭の中にひとつの疑問が浮かんできた。

「運とはなんだろう？」

　考えてみると、僕の人生において運の占める比重はとても大き
かった。そして初めて気がついたのだ。僕のこれまでの成功も運
がよかったからなのだと。

　平和な韓国で生まれたこと。

温かい家庭で育ったこと。

健康な身体と精神をもったこと。

きれいなピアノの先生に出会い、ピアノを一生懸命学んだこと。

7歳のときにアメリカで暮らして英語を身につけたこと。

そしてマイケル・ジャクソンを知ったこと。

壁にぶつかるたびに、誰かが手を差しのべてくれたこと。

歌詞、メロディー、振付けのアイディアが次々と浮かぶこと。

　数えあげればきりがない。これらのどれかひとつでも欠けていたら、成功できなかったはずだ。それなのになぜ、僕はこれまで自分の力だけで成功できたと思い込んでいたのだろう。大きな壁にぶつかって、初めて悟ったのだ。成功と失敗には、運が大きく作用するということを。そして、この「運」というものの正体を理解しないまま努力を続けるのはむなしいと思うようになった。どんなに頑張っても、運が伴わなければまた失敗するからだ。「天は自ら助くる者を助く」、「人事を尽くして天命を待つ」といった言葉は一見もっともらしく聞こえる。だが問題は、これらの格言にはなんの根拠もないという点だ。

運とは、ただ偶然に訪れるものなのか？

それとも、運を支配する神というものが存在するのか？

8. アメリカ進出
　　──初めての失敗、初めての絶望

114

結局、アメリカで味わった初めての挫折は、僕にこんな問いを投げかけた。二度と失敗を繰り返したくなかった僕は、この答えを探そうと思った。

What is 'luck'?

9

9. 離婚
——ついえた夢

116

アメリカ進出の失敗が僕の人生に与えた影響は、仕事以外のことにも及んだ。あえて見ないようにしてきた問題と、向き合わなければならなくなったのだ。それは結婚生活だった。

　帰国後に再スタートした僕の結婚生活は、アメリカに行く前と同じ問題を抱えたままだった（7章参照）。いや、さらに悪化していた。問題の本質は変わらなかったが、僕の忍耐力は衰えていた。また、アメリカで仕事をしながら気ままなひとり暮らしに慣れてしまったせいもある。心のむなしさを感じながら結婚生活を続けていくことが、苦しくてたまらなかった。

　本当につらかったのは、彼女とのあいだには何の問題もないことだった。結婚してみると、彼女は思っていたよりずっと素晴らしく、謙虚で、高貴な人格を備えていた。ただ、結婚しさえすれ

ば完全で永遠の幸せが得られると信じていたのに、実際の結婚は
そういうものでないという事実を突きつけられて、僕は戸惑って
しまったのだ。そして、それでも何かを探し求め続ける自分の姿
にも戸惑っていた。そこで結婚している友人や先輩に悩みを率直
に打ち明けてみたが、返ってくる答えはいつも同じだった。

　　誰だってそうだよ。これ以上、何を望んでいるの？
　　結婚なんてそんなものさ。何を期待していたんだ？
　　早く子どもをつくって、子どもを生きがいにしなよ。

　話が通じなかった。彼らはみんな、「完全で永遠の幸せ」を夢
見ていなかったからだ。いや、夢はあったかもしれないが、それ
は不可能だと信じていたのだ。その代わりに「ささやかで確実な
幸せ」という基準をつくり、「完全で永遠な幸せ」をあきらめて
しまったようだった。彼らの目には、いい大人のくせしてそんな
夢を見ている僕のことが、幼稚で情けなく見えたことだろう。僕
は真剣に悩んでみた。もうあきらめようかな。この夢さえあきら
めれば、このままうまくやっていけるのに……。愛する彼女を傷
つけなくてもすむのに……。
　でも、まだ僕の人生は半分以上残っている。夢を捨ててこのま
ま生きていける自信はなかった。この世に生まれた以上、いや誰

結局、僕は子どものころから
大切に抱いていた夢を、
粉々に打ち砕いてしまった。
正しく、誠実で、賢く、素晴らしい人。
他の誰よりも僕が愛し、僕を愛してくれた人を、
エゴと無責任という刀で切り捨てて、
彼女の元を去った。

かが僕に生を授けた以上、「完全で永遠の幸せ」はあるはずだ。そうでなければ、いったいなぜ僕に命を与えてくれたのか。僕は生まれたくて生まれてきたわけではないが、子どものころから一生懸命生きようと思っていた。本当に頑張って生きてきた。いったい何のために、それほど頑張らないといけないのか。適当にささやかな幸せで満足しなくてはいけないのなら、それに合わせて適当に生きればよかったのだ。こんな疑問が頭の中にぐるぐると渦巻き、僕は40年の人生で初めて道を失った。

　結局、僕は子どものころから大切に抱いていた夢を、粉々に打ち砕いてしまった。正しく、誠実で、賢く、素晴らしい人。他の誰よりも僕が愛し、僕を愛してくれた人を、エゴと無責任という刀で切り捨てて、彼女の元を去った。そのとき僕は決心した。二度と結婚はしないと。こんな素晴らしい女性と添い遂げられなかったのなら、誰と結婚してもうまくいかないに決まっている。それ以来、僕は心にぽっかり空いた穴を快楽で埋めながら生きた。麻薬などの不法行為には手を染めなかったが、クラブやパーティーに明け暮れた。刺激的で浮かれた日々を過ごしていると、最初は心の空白のことも忘れていたが、数年もすると、その空白が結婚していたころよりもかえって大きくなっていることに気づいた。僕は孤独とむなしさにさいなまれた。

　そのとき気づいたのだ。僕はこれまで自分の夢は「特別な愛」

八方ふさがりになった僕は、

この空白と向き合うしかなかった。

「この心の隙間はいったい何だろう?」。

そのとき初めて、

何かを「したい」のではなく、

「知りたい」と思った。

いや、正確に言うと、

やれることが何もなくなったとき、

初めて知りたくなったのだ。

だと信じて生きてきたが、よくよく考えるとそうではなかった。僕の夢は、利己的で自分勝手な「完全で永遠の幸せ」だった。そして「特別な愛」が僕にそれをもたらしてくれると思い込んでいたのだ。目的だと思っていた「特別な愛」は手段だったのである。だから僕は、新しい手段を探さなければならなかった。

　そのときふと頭に浮かんだのは、子どものころから何となく関心のあった寄付と慈善活動だった。人に知られたら意義が損なわれるような気がして、誰にも内緒で慈善活動に励んでみたものの、やはり心の隙間を埋めてはくれなかった。これ以上、なんの方法も思い浮かばない。八方ふさがりになった僕は、この空白と向き合うしかなかった。「この心の隙間はいったい何だろう？」。そのとき初めて、何かを「したい」のではなく、「知りたい」と思った。いや、正確に言うと、やれることが何もなくなったとき、初めて知りたくなったのだ。愛と結婚に対する非現実的な幻想が40年間にわたって僕の魂を麻痺させていた。そのため、思春期に抱くべき問いをそのときやっと自分に投げかけたのである。

「僕は何のために生きていけばいいのか？」
「僕はなぜ生まれたのか？」
「誰が、何のために僕をつくったのか？」

僕は人生の始まりと終わり、つまり生と死について知らなかったため、生と死のあいだに存在する人生の意味も知るすべがなかった。友達同士で話していて、誰かが余命宣告を受けたという話をすれば、心を痛めない人はいない。だが皮肉なのは、僕たちはみんな余命宣告を受けているという事実だ。自分の余命も限られているのに、誰が誰を哀れむというのか。むしろ、はっきりと余命を知らされる方が、いつ死ぬかがわかるだけましではないだろうか。人はみな、死に向かって歩いている。なぜこの道を歩いているのかも知らぬまま、歩き続ける。途中で金持ちになるかもしれないし、物乞いになるかもしれない。よいこともあれば、悪いこともあるだろう。だが、確かなのは、誰もが一定の速度で死に向かって歩き続けているということだ。こんな状況で、どうして幸せになれるというのだろう。

　僕は知らなければならなかった。幸せになるために。

What is the Truth?

聖書

10

信じると決心する（2012年）

人はなぜ生まれたのか？　死んだらどうなるのか？　そんな僕の疑問に対して、多くの宗教家や哲学者が実にさまざまな答えを出してきた。だが、僕が求めていたのは、僕と同じ限界をもつ人間の答えではなく、全知全能の創造主の答えだった。わかりやすく音楽にたとえてみよう。僕が作品を発表すると、それを聴いた人たちは音楽の裏に隠された意味や意図をあれこれ推測するだろう。でも、本当の答えを知っているのは僕だけだ。なぜなら、その作品は僕がつくったものだから。そう、僕は宇宙と人間を自ら創った創造主の答えを聞きたかった。

　もし創造主が存在するという確実な証拠が見つからなければ、僕はふたたび自分の思うままに生きていくつもりだった。どんなに優れた人間であっても、人間である以上僕と同じく限界がある

ので、その人が完璧な真理を語ってくれる可能性はないと思ったからだ。僕は大学で理系専攻だったが、そこで思ったのは、人間がこれまでに解明した真実、いや、解明したと信じているさまざまな真実は、人間がまだ知らない事実と比べてはるかに少ないということだ。さらには解明したと信じている真実も、いつひっくり返るかわからない。不安定なものにすぎないのだ。

だから僕は、まず宗教の聖典のなかで創造主が登場する本を探してみた。多くの本を読み比べてみた結果、不思議なことがわかった。創造主が登場し、宇宙と人間をなぜ、どのように創ったのかが詳しく書いてある本は、聖書だけだったのである。

初めに、神は

天地を創造された。

——『創世記』1章1節

聖書の最初の行にはこう書かれている。「初めに（In the beginning）」という言葉は時間を意味し、「天地（the heaven and the earth）」は空間を意味する。この時間と空間全体を、私たちは宇宙と呼ぶ（Universeの定義について調べてみると、「All time and space」とある）。創造者を探していた僕に、この一節は強烈だった。他のすべての教えは自然と脇に追いやられ

ることになったのだ。

　だが、僕は聖書に反感を持っていた。実は中学生のころまで教会に通っていたのだが、ある時期から、「すべての人間は天国か地獄に行く」という二分法的な考え方が不合理に思えてきたのだ。自分自身を含め、僕の周りの人たちは誰でも善い行いもすれば悪い行いもする。それなのに、いったいどうして人間をふたつのグループに分けられるのだろう？　善い行いと悪い行いの比率が何対何だったら天国に行けるのか？　そんなこともあって、僕は教会に行かなくなってしまった。あとでわかったことだが、僕は天国と地獄を分ける基準を誤解していたのだ。聖書の勉強を本格的に始めてから、僕はこう理解するようになった。

　天国と地獄を分ける基準は、罪の「回数」や「大きさ」ではない。罪が「ある」か「ない」かだ。

　神は人間をお創りになり、人間を限りなく愛しておられる父であると同時に、正義をもって万物を治める王のような存在でもある。つまり、どんなに愛する我が子であっても、罪を犯せばそれに目をつむってやりすごすことはできない。罪がひとつもない世界に住んでいる神は、罪がひとつでもある罪人とともに暮らすことはできないのだ。そのため、神の基準は罪が「ある」か「な

い」かになる。ところが人間は、罪の「回数」や「大きさ」を善悪の基準とする。

　人間が小さな罪ひとつ犯さず一生を送ることは不可能だ。そこで神は、人間がその行いとは関係なく完全な義人（訳注／神の前に罪がひとつもない人）になれる道を準備してくださった。それはすなわち、子どもが過ちを犯したとき、親が身代わりになって罰を受けるのと同じことだ。神は、自分が創った人間が犯した罪を代わりに背負わせるために、神の分身であるイエスを人間の姿にして地上に送った。そして、すべての人間の身代わりとして十字架にかけさせた。神はすべてをご存じで、人間がすでに犯した罪だけでなく、これから犯す罪も含めてすべてを担われたのだ。そのうえで人間に対して、心配せずにこの事実を悟り、信じさえすればいいとおっしゃるのである。

　誤解が解けた僕は、2010年から2年間にわたり本格的に聖書の研究を続けた。聖書に関する資料と解説を読みあさり、宗派に関係なく多くの牧師さんに会って話を聞かせてもらった。そうして僕は、毎日10時間以上も聖書の勉強に取り組んだ。

　聖書に関してはさまざまな解釈があるが、それらを比較するにあたって僕の基準はただひとつ、「論理的一貫性」だった。もし聖書が神によって書かれ、その神が今もいらっしゃるなら、聖書の内容が変化しないようしっかり守られなくてはならない。その

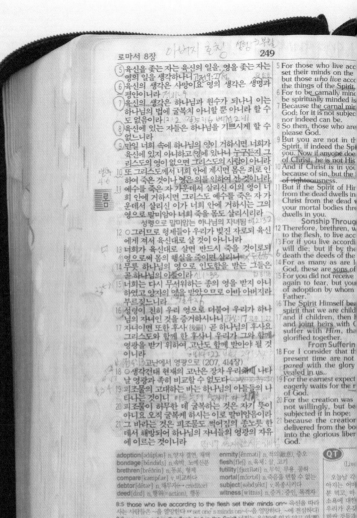

⑤육신을 좇는 자는 육신의 일을, 영을 좇는 자는 영의 일을 생각하나니

⑥육신의 생각은 사망이요 영의 생각은 생명과 평안이니라

⑦육신의 생각은 하나님과 원수가 되나니 이는 하나님의 법에 굴복치 아니할 뿐 아니라 할 수도 없음이라

⑧육신에 있는 자들은 하나님을 기쁘시게 할 수 없느니라

⑨만일 너희 속에 하나님의 영이 거하시면 너희가 육신에 있지 아니하고 영에 있나니 누구든지 그리스도의 영이 없으면 그리스도의 사람이 아니라

⑩또 그리스도께서 너희 안에 계시면 몸은 죄로 인하여 죽은 것이나 영은 의를 인하여 산 것이니라

⑪예수를 죽은 자 가운데서 살리신 이의 영이 너희 안에 거하시면 그리스도 예수를 죽은 자 가운데서 살리신 이가 너희 안에 거하시는 그의 영으로 말미암아 너희 죽을 몸도 살리시리라

⑫그러므로 형제들아 우리가 빚진 자로되 육신에게 져서 육신대로 살 것이 아니니라

⑬너희가 육신대로 살면 반드시 죽을 것이로되 영으로써 몸의 행실을 죽이면 살리니

⑭무릇 하나님의 영으로 인도함을 받는 그들은 곧 하나님의 아들이라

⑮너희는 다시 무서워하는 종의 영을 받지 아니하였고 양자의 영을 받았으므로 아바 아버지라 부르짖느니라

⑯성령이 친히 우리 영으로 더불어 우리가 하나님의 자녀인 것을 증거하시나니

⑰자녀이면 또한 후사(後嗣) 곧 하나님의 후사요 그리스도와 함께 한 후사니 우리가 그와 함께 영광을 받기 위하여 고난도 함께 받아야 될 것이니라

⑱생각건대 현재의 고난은 장차 우리에게 나타날 영광과 족히 비교할 수 없도다

⑲피조물의 고대하는 바는 하나님의 아들들의 나타나는 것이니

⑳피조물이 허무한 데 굴복하는 것은 자기 뜻이 아니요 오직 굴복케 하시는 이로 말미암음이라

㉑그 바라는 것은 피조물도 썩어짐의 종노릇 한 데서 해방되어 하나님의 자녀들의 영광의 자유에 이르는 것이니라

---

5 For those who live acc_ set their minds on the but those who live acc_ the things of the Spirit.
6 For to be carnally min_ be spiritually minded is
7 Because the carnal mi_ God; for it is not subje_ nor indeed can be.
8 So then, those who are_ please God.
9 But you are not in th_ Spirit, if indeed the Spi_ you. Now if anyone doe_ of Christ, he is not His_
10 And if Christ is in yo_ because of sin, but the _ of righteousness.
11 But if the Spirit of Hi_ from the dead dwells in _ Christ from the dead _ your mortal bodies thr_ dwells in you.

Sonship Throug_

12 Therefore, brethren, _ to the flesh, to live acc_
13 For if you live accordi_ will die; but if by the _ death the deeds of the _
14 For as many as are _ God, these are sons of _
15 For you did not receive_ again to fear, but you _ of adoption by whom _ Father.
16 The Spirit Himself be_ spirit that we are child_
17 and if children, then _ and joint heirs with _ suffer with Him, and _ glorified together.

From Sufferin_

18 For I consider that th_ present time are not _ pared with the glory _ vealed in us.
19 For the earnest expect_ eagerly waits for the r_ of God.
20 For the creation was _ not willingly, but _ subjected it in hope;
21 because the creatio_ delivered from the bo_ into the glorious liber_ God.

---

adoption[ədápʃən] n. 양자 결연, 채택	enmity[énməti] n. 적의(敵意), 증오
bondage[bándidʒ] n. 속박, 노예신분	flesh[fleʃ] n. 육체; 살, 고기
brethren[bréðrin] n. 동포, 형제	futility[fjuːtíləti] n. 무익, 무용, 공허
compare[kəmpέər] v. 비교하다	mortal[mɔ́rtəl] a. 죽음을 면할 수 없는
debtor[détər] n. 채무자(↔ creditor)	subject[səbdʒékt] v. 복종시키다
deed[diːd] n. 행위(= action); 행동	witness[wítnis] n. 증거; 증인, 목격자

8:5 those who live according to the flesh set their minds on~ 육신을 따르는 자들은 ~을 영망한다 ¶* set one's minds on~ ~을 영망하다, ~에 전심하다
8:9 you are not in the flesh but in the Spirit 너희는 육신에 있지 않고 영(靈)에 있는 것이다~ not A but B ~ 'A'가 아니라 'B'이다
8:13 put to death 죽이다, 사형에 처하다 ¶ put him to death 그를 처형하다
8:19 eagerly waits for~ ~을 열렬히 기다리다 ** wait for~ ~을 기다리다

㉒ 피조물이 다 이제까지 함께 탄식하며 함께 고통 하는 것을 우리가 아나니

㉓ 이뿐 아니라 또한 우리 곧 성령의 처음 익은 열 매를 받은 우리까지도 속으로 탄식하여 양자 될 것 곧 우리 몸의 구속을 기다리느니라

㉔ 우리가 소망으로 구원을 얻었으매 보이는 소망 이 소망이 아니니 보는 것을 누가 바라리요

㉕ 만일 우리가 보지 못하는 것을 바라면 참음으로 기다릴찌니라

㉖ ○○와 같이 성령도 우리 연약함을 도우시나니 우리가 마땅히 빌 바를 알지 못하나 오직 성령이 말할 수 없는 탄식으로 우리를 위하여 친히 간구 하시느니라

㉗ 마음을 감찰(監察)하시는 이가 성령의 생각을 아시나니 이는 성령이 하나님의 뜻대로 성도를 위하여 간구하심이니라

㉘ 우리가 알거니와 하나님을 사랑하는 자 곧 그 뜻 대로 부르심을 입은 자들에게는 모든 것이 합력 하여 선을 이루느니라

㉙ 하나님이 미리 아신 자들로 또한 그 아들의 형상을 본받게 하기 위하여 미리 정하셨으니 이는 그로 많은 형제 중에서 맏아들이 되게 하려 하심이니라

30 또 미리 정하신 그들을 또한 부르시고 부르신 그 들을 또한 의롭다 하시고 의롭다 하신 그들을 또 한 영화롭게 하셨느니라

하나님의 영원한 사랑

31 그런즉 이 일에 대하여 우리가 무슨 말하리요 만일 하나님이 우리를 위하시면 누가 우리를 대 적하리요

32 자기 아들을 아끼지 아니하시고 우리 모든 사람 을 위하여 내어 주신 이가 어찌 그 아들과 함께 모든 것을 우리에게 은사로 주지 아니하시겠느뇨

33 누가 능히 하나님의 택하신 자들을 송사(訟事) 하리요 의롭다 하신 이는 하나님이시니

34 누가 정죄하리요 죽으실 뿐 아니라 다시 살아나 신 이는 그리스도 예수시니 그는 하나님 우편에 계신 자요 우리를 위하여 간구하시는 자시니라

35 누가 우리를 그리스도의 사랑에서 끊으리요 환 난이나 곤고나 핍박이나 기근이나 적신(赤身)이 나 위험이나 칼이랴

36 기록된바
　우리가 종일 주를 위하여 죽임을 당케 되며 도
　살할 양같이 여김을 받았나이다
　　　　　　　　　　　　　　　시 44:22

22 For we know that the whole creation groans and labors with birth pangs together until now.

23 Not only that, but we also who have the firstfruits of the Spirit, even we ourselves groan within ourselves, eagerly waiting for the adoption, the redemption of our body.

24 For we were saved in this hope, but hope that is seen is not hope; for why does one still hope for what he sees?

25 But if we hope for what we do not see, we eagerly wait for it with perseverance.

26 Likewise the Spirit also helps in our weaknesses. For we do not know what we should pray for as we ought, but the Spirit Himself makes intercession for usᵃ with groanings which cannot be uttered.

27 Now He who searches the hearts knows what the mind of the Spirit is, because He makes intercession for the saints according to *the will* of God.

28 And we know that all things work together for good to those who love God, to those who are the called according to *His* purpose.

29 For whom He foreknew, He also predestined *to be* conformed to the image of His Son, that He might be the firstborn among many brethren.

30 Moreover whom He predestined, these He also called; whom He called, these He also justified; and whom He justified, these He also glorified.

God's Everlasting Love

31 What then shall we say to these things? If God is for us, who *can be* against us?

32 He who did not spare His own Son, but delivered Him up for us all, how shall He not with Him also *freely* give us all things?

33 Who shall bring a charge against God's elect? *It is* God who justifies.

34 Who *is* he who condemns? *It is* Christ who died, and furthermore is also risen, who is even at the right hand of God, who also makes intercession for us.

35 Who shall separate us from the love of Christ? *Shall* tribulation, or distress, or persecution, or famine, or nakedness, or peril, or sword?

36 As it is written:
　"For Your sake we are killed all day
　　long;
　We are accounted as sheep for the
　　slaughter."ᵇ
　　　　　　　　　　시 44:22

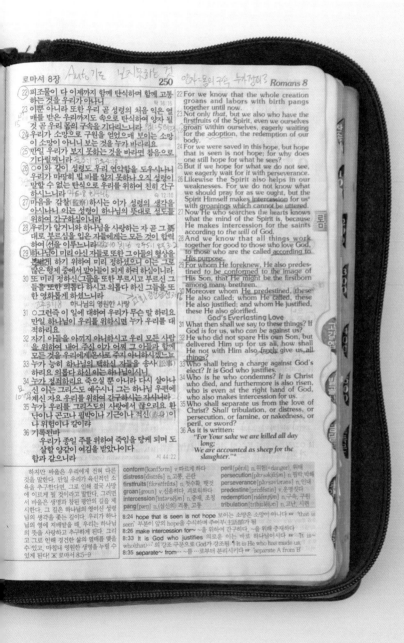

하지만 바울은 우리에게 전혀 다른
것을 말한다. 만일 우리가 육신적인 소
욕을 추구한다면, 그로 인해 결국 사망
에 이르게 될 것이라고 한다. 그러면
서 바울은 생명과 참된 평안의 길을 제
시한다. 그 길은 하나님의 영이신 성령
님의 생각을 좇는 길이다. 우리가 하나
님의 영에 지배받을 때, 우리는 하나님
의 뜻을 사랑하고 추구하게 된다. 그리
고 그로 인해 경건한 삶의 열매를 맺을
수 있고, 마침내 영원한 생명을 누릴 수
있게 된다.✗ 로마서 8:5~9

conform [kənfɔ́ːrm] v.따르게 하다
distress [distrés] n.고통, 곤란
firstfruits [fə́ːrstfrúːts] n.첫수확 햇것
groan [groun] v.신음하다, 괴로워하다
intercession [ìntərséʃən] n.중재, 조정
pang [pæŋ] n.(심신의) 격통, 고통

peril [péril] n.위험(=danger), 위해
persecution [pə̀ːrsəkjúːʃən] n.핍박, 박해
perseverance [pə̀ːrsəvíərəns] n.인내심
redemption [ridémpʃən] n.구속, 구원
predestine [prìːdéstin] v.운명짓다
tribulation [trìbjuléiʃən] n.고난, 시련

8:24 **hope that is seen is not hope** 보이는 소망은 소망이 아니다 ☞ 'that is seen' 부분이 앞의 hope를 수식하는 주어부(생물주어)가 됨
8:26 **make intercession for~** ~을 위하여 간구하다, ~을 위해 중재하다
8:33 **It is God who justifies** 의로운 이는 바로 하나님이시다 ☞ 'It is~ who/that~' 의 강조 구문으로 God가 강조됨 ☞ It is He who has made us, 등
8:35 **separate~ from** … ~를 …로부터 분리시키다 ☞ 'separate A from B'

内容が歪曲されたり変質したりしてしまったら、人間は真理を知るための道を見失ってしまう。そんなことになれば、神は人間を裁くことができなくなり、人間は神の前で「聖書の内容が変わっていたので、正しく理解できませんでした」などと言い訳できてしまうからだ。

何よりもまず心得てほしいのは、

聖書の預言は何一つ、

自分勝手に解釈すべきではないということです。

なぜなら、預言は、

決して人間の意志に基づいて語られたのではなく、

人々が聖霊に導かれて

神からの言葉を語ったものだからです。

——『ペトロの手紙二』1章20 〜 21節

　ここでいう「論理的一貫性」とは、事実の一貫性のことではない。聖書は多くの人が書いた本を集めたものだが、同じ出来事でも書いた人によって細部が少しずつ異なっている。これは神が人間の限界を自然に示そうとされた結果なので、このような違いは神の原則の一貫性にはなんの差しさわりもない。そこで僕は、聖書には最初から最後まで論理的一貫性があるという前提のもと

で、論理的な矛盾が最も少ない解釈を選択した。つまり、ある解釈が正しいとすれば、聖書全体を通してそれと論理的に矛盾する部分は一節もあってはならないということだ。

　牧師や神学者の多くは聖書に「論理的一貫性」を求めることを放棄している。聖書は不完全な本だと言って、そこに自分の考えや聖書以外の資料を追加して解釈するのだ。だが、聖書から論理的一貫性を除いてしまったら、どんな解釈だって可能になる。たとえば自分の解釈と論理的に矛盾する表現が出てきても、聖書は論理的に完璧ではないと言えばいいし、問題になる部分が出てきたら、これは比喩だからとか時代的制約のせいだとか言えばすむからだ。意外にも多くの牧師が、こうした方法をとっているようだ。

わたしの思いは、あなたたちの思いと異なり

わたしの道はあなたたちの道と異なると

主は言われる。

天が地を高く超えているように

わたしの道は、あなたたちの道を

わたしの思いはあなたたちの思いを、

高く超えている。

——『イザヤ書』55章8〜9節

聖書に関してはさまざまな解釈があるが、それらを比較するにあたって僕の基準はただひとつ、「論理的一貫性」だった。

天国と地獄を分ける基準は、

罪の「回数」や「大きさ」ではない。

罪が「ある」か「ない」かだ。

聖書がもし論理的一貫性に欠けているとしたら、それを読むときにはいったい何％まで自由な解釈が許されるのだろうか？ 10％？　20％？　勝手に解釈し出すときりがないし、そうなったら基準というものがなくなってしまう。不完全な秤で何度量っても正確な重さがわからないのと同じことだ。このように論理的一貫性という基準に基づいて勉強してみると、聖書の内容は次のようなものだった。

1．聖書を書いたのは神であり、神は宇宙（時間、空間、人間）を創造された。

2．神が歴史のなかで選んだ人間たちの魂を操り、聖書を記録、編集、翻訳、維持させてきた。

3．神は元来、宇宙とそのなかにあるすべてが永遠に腐らないように創造された。この創造の目的は、人間とともに永遠に愛しながら生きるためである。

4．愛するには、当事者たちの自由意思が必要だ。そのために人間にも自由意思を与え、この自由意思を活用できるようにふ

たつの選択肢をつくられた。神の言葉に従う「善」と、それに背く「悪」である。

5. 本来、人間は永遠の存在だったが、神の言葉に背く選択をしたため、正義たる神とともに暮らすことのできない罪人となった。生命の根源である神と断絶した人間は、このときから死ぬ存在、腐る存在となり、人間の血には罪を犯すしかない原罪が生まれた。その後に生まれたすべての人間は、この原罪を受け継ぎ、罪を犯さずにはいられない存在となった。このとき、全宇宙も腐る宇宙へと変わった。

6. 未来をすべてご存じである神は、人間が神の言葉に背く選択をすることも事前に知っておられた。そこで人間の耳で理解できる「みことば」という自身の分身をあらかじめ準備し、この「みことば」を通じて人間を救う計画を立てた。この「みことば」を「御子」と呼び、彼に自分のすべての権限を譲り渡した。神は創造を含むすべてのことを、この「御子」、すなわち「みことば」を通じて行った。

7. 2000年前、この「みことば」が人間の姿で地上に現れた。これこそがイエスである。

8. 人間に対する愛をあきらめきれなかった神は、人間のあらゆる罪をイエスに肩代わりさせ、イエスを十字架で処刑させた。それによって、人間には完全な罪の赦しを受ける道が開かれた。これを喜びの知らせ、すなわち福音という。

9. 神はこの事実を、人間が理解できる「みことば」を通じてお伝えになった。これを完全に信じることのできた人は、イエスの犠牲による罪の赦しの恵みを受けて「義人」となる。このことを「救い」という。

10. この「完全なる罪の赦し」を信じられて救われた人は罪がすべて消えるため、正義たる神の前に行っても罪人ではなく、神とともに永遠に生きることができる。

　神は人間がこの事実を信じられるように、聖書のなかで人類の歴史、とくにユダヤ人の歴史をすべて預言しておくことで、自らが時間の外にある創造主であることを証明された。まず神は自分の名前を「I AM THAT I AM」（『出エジプト記』3章14節、King James Version）であるとおっしゃっている。この名前が何を意味するのか理解するため、次の一節を一緒に読んでみよ

う。

> イエス・キリストは、きのうも今日も、
>
> また永遠に変わることのない方です。
>
> ──『ヘブライ人への手紙』13章8節

　神は誰かによって創造されたわけではなく、最初から存在していたということだ。ギリシャの哲学者アリストテレスは神を信じてはいなかったが、彼の著作『形而上学』には、「不動の動者（Unmoved mover または prime mover）」というものがあるはずだと書かれている。これを後代の哲学者たちは「第一原因（1st cause）」と表現しているが、あらゆるものの原因を追跡してさかのぼると、なんの原因もなく、ただ存在するものがなければならないというのだ。他のすべてのものの原因となるもともとあった存在、これがすなわち「I AM THAT I AM」という言葉がもつ意味なのである。

　時間の外に存在する神にとって、過去と未来は現在と同じように目の前に広がっている。したがって「I was」や「I will」という過去形や未来形は神にはありえない。常に現在形の「I AM」なのだ。それとは逆に、人間には「現在」というものが存在せず、過去と未来だけが存在している。例えばあなたが「今」と口

にした瞬間、それはすでに過去となってしまう。「ああ、幸せだ」という言葉が口から出た瞬間、実際には「1秒前に幸せだった」という意味になってしまうのだ。

「わたしは、キリストに結ばれていた一人の人を知っていますが、その人は十四年前、第三の天にまで引き上げられたのです。体のままか、体を離れてかは知りません。神がご存じです。」
——『コリントの信徒への手紙二』12章2節

第三の天

第二の天

第一の天

　上の絵で描かれた第一の天は大気圏を、第二の天は宇宙を意味する。そしてこの宇宙の外側が時間の外の領域「第三の天」である。神はこの「第三の天」にいる時間を超越した存在だということを、人間にずっと説明してこられた。

> だれがこの事を行ったか、なしたか。
>
> だれが初めから世々の人々を呼び出したか。
>
> 主なるわたしは初めであって、
>
> また終りと共にあり、わたしがそれだ。

──『イザヤ書』41章4節（口語訳聖書）

神である主、

今おられ、かつておられ、やがて来られる方、

全能者がこう言われる。

「わたしはアルファであり、オメガである。」

──『ヨハネの黙示録』1章8節

　したがって、聖書の内容が真理かどうかを確かめる方法は簡単だ。聖書に書かれている多くの預言が正しいか間違っているかを見ればいい。とくに神が自身の証人に選んだユダヤ人の歴史を見ればわかるだろう。

わたしの証人はあなたたち、

わたしが選んだわたしの僕だ、と

主は言われる（……）

（……）あなたたちがわたしの証人である、と

主は言われる。わたしは神

──『イザヤ書』43章10、12節

初めからのことをわたしは既に告げてきた。

わたしの口から出た事を

わたしは知らせた。

突如、わたしは事を起こし、それは実現した。

お前が頑固で、鉄の首筋をもち

青銅の額をもつことを知っているから

わたしはお前に昔から知らせ

事が起こる前に告げておいた。

これらのことを起こしたのは、わたしの偶像だ

これを命じたのは、わたしの木像と鋳像だと

お前に言わせないためだ。

————『イザヤ書』48章3〜5節

まことに、主なる神はその定められたことを

僕_{しもべ}なる預言者に示さずには

何事もなされない。

————『アモス書』3章7節

神はさらに、未来を当てられない神をなぜ信じるのかと人間を

お叱りになる。

> 　　訴え出て、争うがよい、と主は言われる。
>
> お前たちの論拠を示せ、とヤコブの王は言われる。
>
> 　　起こるべきことをわたしたちに示し、
>
> 　　　　告げてみよ（……）
>
> 　あるいは、来るべきことを聞かせてみよ。
>
> 　未来のことを悟るとしよう。（……）
>
> お前たちが神であることを悟るとしよう。（……）
>
> 　　　　　　　　──『イザヤ書』41章21〜23節

　そこで僕は、聖書にあるさまざまな預言をユダヤ人の歴史と比較してみることにした。するともっと詳しく確かめてみたくなり、すべてのことを後回しにして2012年9月にエルサレムへと旅立った。2カ月にわたって携帯電話の電源を切り、世の中から隔絶された状態で、博物館、図書館、歴史の現場などを巡りながら、聖書の内容と歴史資料を比べてみた。

　その結果はまさしく衝撃だった。預言は数十年、数百年、数千年後にすべて実現していたのだ。歴史資料として残っており、どのような角度から見ても否定しようのない事実としか言いようがなかった。僕は結局、聖書が人間によって書かれた本ではないと

いう事実を受け入れるしかなかった。未来を完璧に言い当てるのは、神以外には不可能だからだ。数千年のあいだに起こることを、正確に預言して記録した本が聖書以外にあるだろうか。歴史で証明された預言が書かれていない本は、もはや読む必要がなかった。2012年10月、僕はエルサレムのホテルの一室で、聖書の前にひざまずいた。なぜ聖書を信じるのかと誰かに聞かれたら、僕は即座にこう答えるだろう。

「数千年の歴史をすべて預言した本は聖書だけだからだ」

　僕も理系の学生だったので、科学と聖書とではかなり矛盾があることはよく知っている。聖書によれば、アダムなど最初に創られた人間たちが1000歳近くまで生きたとされていて、人間が進

すべてのことを後回しにして2012年9月にエルサレムへと旅立った。

化の結果生まれたことも否定される。しかし、未来をすべて言い当てる神の前で、科学にいったいなんの意味があるのだろう？人間の科学は私たちが思っているよりもはるかに不完全だ。もし誰かがこれから一週間に起こることをすべて書き出して、それがことごとく的中したら、もはや科学は意味を失うのではないだろうか。預言は科学を超越した領域なのだ。それ以来、僕は聖書を真理として受け入れ、聖書のみことばのままに生きていこうと決心したのである。

アメリカ進出の失敗や離婚などで道を見失った僕だったが、確実な答えと出会ったことで迷いが吹っ切れ、ふたたび全力で人生を歩み始めた。答えはすべて聖書のなかにあった。そして僕は、周囲の人にもはっきりわかるくらい変わりはじめた。いや、周囲の人々そのものが変わった。２年間、聖書にしがみついて勉強したおかげで、誰かから聖書についての質問を受けると、その場で聖書を開いて答えることができるようになった。僕は誰から見ても模範的なクリスチャンになりつつあった。

しかし、ひとつ問題があった。実は僕は、聖書を心から信じることができなかったのだ。論理的に聖書の勉強に取り組み、その内容に反論できなくなった結果、僕は聖書を真理として認めたものの本音の部分では信じ切れていなかった。どんなに信じようとしても、信じられなかった。神が宇宙を創造される前からパク・

ジニョンという人間を知っていて、僕が人生のなかで犯す罪もすべてご存じで、今から2000年も前に僕の代わりに罰を受けてくださったということを、どうして信じられるというのか。どうしたらそれを事実として受け入れられるのだろう。

「信じられない」。それが僕の悩みだった。そこで宗派を問わず教会に通っている友人たちに聞いてみたが、驚いたことに、そんな悩みを抱えている人は誰もいなかった。みんな熱心に教会に通いながらも、自分が正確に何を信じているのか、なぜ信じているのか、どう信じているのか、きちんと説明できないのだ。彼らは聖書を信じているのではなく、牧師や神父を信じているようだった。僕が聖書を開いて内容を説明すると、彼らはさっと話をそらす。何人かの牧師に相談してみたが、「本来、信仰とは不安定なものです。あなたのように人生が根本から変わったのなら、すでに救われたと言えるでしょう」という答えだった。

　もちろん、僕の生き方は誰から見ても大きく変わった。イエスを自分の救い主として受け入れている。だが、それはあくまで自分の決心と意思によるものであり、心の底から事実として信じることができたわけではなかった。それなのに周囲は僕のことを「救われた」とか「神の子だ」とか「聖霊が降臨した」とか「新たに生まれた」などと言うので、息が詰まりそうだった。そのころ出演したMBCテレビの『ラジオスター』という番組で、僕は

聖書についてこんなことを語っている。

「頭ではわかっているけど信じられないから」

「救い」とは、心の片隅に残る福音への疑念が消えて、完全に信じられることだ。だから僕は、自分が救われないことをわかっていたし、だからこそ死が怖かった。そんな状態では何もできることはなく、ただ神を恐れ、いつか信じられる日を待つだけの日々を過ごしていた。これはそのころに僕が発表した曲の歌詞だ。

Halftime

もっと早く　もっと高く　もっと遠く　ただ前だけを見て　夢中
　　になって

ひたすら熱く走ってきた　人生の前半戦

僕みたいなやつが　ここまでやってこれたのは　驚くような逆転
　　に次ぐ逆転

ひたすら懸命に生きたかっただけさ

金と人気さえあれば　キレイで素敵な彼女ができて

やりたいことだけやりながら　生きていけたら成功だと思ってた

そして慈善を施せば　幸せになれると思っていた

世界に向けて叫んでみた　こんな僕を見てくれと

こんなに頑張って生きている　僕の姿を見てくれと

そうすれば何者かになれるって思ってた　悩みがすべて解決する
　　って思ってた

だけど飛行機がちょっと揺れただけで　バカみたいに怖がって

死んだらどうしようと　ぶるぶる震える自分が情けない

小さくなって　低くなって　粉々になって　むなしくなって

僕の人生　このままでいいのかな

僕の人生　このままでいいのかな

僕の人生　このままでいいのかな

答えを知りたい　ついていきたい

答えを探し続けていたら　少しずつ見えてきた

だけど問題は　頭ではわかっていても

心から受け止められないこと

信じているのに　信じられない

信じているのに　信じられない

何も知らなかったくせに　何を大口叩いてたのか

会って　聞いて　信じて　また信じられたら　それからが本当の
　　人生

信じて　また信じられたら　その日が僕の本当の誕生日

長い歴史のなかで　ちっぽけな僕が

広い宇宙のなかで　塵にもならない僕が

このすべてを創った人を訪ねて　聞くこともせず

自分の小さな頭で、何が正義かを決めつけてた

偉そうに、これは善でこれは悪だと騒ぎたててた

自分だけを信じていたら　みじめになるだけ

今さらだけど気づいて　本当によかった

信じられなくても　気づいて本当によかった

このように「信じているのに信じられない」ために苦しんでいる僕にとって、幸いにも慰めとなる言葉が聖書にはあった。

> 主に望みをおき尋ね求める魂に
>
> 主は幸いをお与えになる。
>
> 主の救いを黙して待てば、幸いを得る。（……）
>
> 主が天から見下ろし
>
> 目を留めてくださるときまで。
>
> ——『哀歌』3章25〜26、50節

> さて、カイサリアに
>
> コルネリウスという人がいた。（……）
>
> 信仰心あつく、一家そろって神を畏れ、
>
> 民に多くの施しをし、
>
> 絶えず神に祈っていた。（……）
>
> 神の天使が入って来て
>
> 「コルネリウス」と呼びかけるのを、
>
> 幻ではっきりと見た。（……）
>
> 天使は言った。

僕の人生

このままでいいのかな

答えを知りたい

ついていきたい

「あなたの祈りと施しは、神の前に届き、

覚えられた。（……）」

──『使徒言行録』10章1〜4節

　僕はひた向きに祈りなさいという周囲の助言を受けて、一生懸命祈りを捧げてみたものの、おかしなことに「僕をお救いください」という言葉はなかなか口に出せなかった。なぜなら、気軽に救いを求めながら、見る者を失望させるような人生を送っている人をたくさん見てきたからだ。僕は救いを切実に望んでいたが、一方で自分もそんな人たちのようになってしまうような気がして、お祈りのときも「僕をお救いください」という言葉の代わりに「僕の人生に責任を持ってください」という言葉で締めくくることがよくあった。

God, please take
charge of my life...

教会

自然にできあがった

救われていないクリスチャンとして生きていた僕に、不思議なことが起こった。あるとき友人との会食中に聖書の話題になり、僕が知っていることを少し話してあげた。すると、その友人からいきなり、「聖書についてもっと教えてほしい」と頼まれたのだ。「実はまだ聖書が信じられないんだ」といったんは断ったのだが、友人はそれでも、僕の説明がわかりやすいからといって引き下がらなかった。

　それで僕は、聖書に詳しい知人たちと一緒に勉強会を始めることにした。みんなで何日か勉強してから、僕が補足説明をしていたときのこと。『ヘブライ人への手紙』10章18節に差しかかると、突然その友人が「自分は全部信じられる」と言ってにっこり笑ったのだ。

罪と不法の赦しがある以上、

罪を贖（あがな）うための供え物は、

もはや必要ではありません。

———『ヘブライ人への手紙』10章18節

　自分のすべての罪はイエスが背負っていかれたので、自分は天国に行けるというのだ。その日、僕は初めて人が救われるところを、つまり新たに生まれる姿を目の当たりにした。そしてその友人のために、僕は部屋にあったピアノで「主イエスを知りたるうれしきこの日や（Happy Day）」という讃美歌を演奏し、その友人は感激に満ちた表情で歌いはじめた。

　　主イエスを知りたる　うれしきこの日や

　　いやしき身をさえ　救わせたまえり

　　きみにむつぶ　この日ぞうれしき

　　うれしきこの日や

　　うれしきこの日や

　　きみにむつぶ　この日ぞうれしき

　僕は彼の変化が本当にうれしくて祝福したが、一方で自分がと

てもみじめに思えてきた。

　　「なぜ僕は信じられないのかな……」

　ところが、それで終わりではなかった。その友人が、この話を
ぜひ自分の後輩にも聞かせてやりたいから、また同じ説明をして
ほしいと言うのだ。そして僕の話を聞きにきたその後輩は、次に
自分の弟を連れてきて、その弟がまた友達を連れてきた。そんな
具合に聖書の勉強仲間が増えていき、そこで救われる人も増え
た。僕自身は救われないでいるというのに……。僕は自分が信じ
られずにいることをみんなに明かすのが怖くてつらかった。聖書
の説明をするたびに「自分は救われないのです。地獄に行く人間
です」と言っていたが、それでもみんなは僕の話を聞きたがるの
だった。

　聖書には「盲人（新たに生まれていない人のたとえ）が盲人の
道案内をすることができようか。二人とも穴に落ち込みはしない
か」（『ルカによる福音書』６章39節）と書かれている。だから
僕は気が進まなかったのだが、次々と新たに生まれる人が出るの
で、なかなかやめられなかった。神がともにいなければ人は新た
に生まれることはできないと、聖書（『使徒言行録』11章21節）
に記されていたからだ。それで僕はしかたなく聖書の一節（『民

数記』22章28節）を思い起こしながら、「神はロバの口を通してでも、みことばを伝えようとされた方だ。僕はロバのような存在なのかもしれない」と自分に言い聞かせ、気持ちを引き締めた。

　それでも僕の心はどんどん苦しくなっていった。とくに僕の説明を聞いて救われた人から、「なぜこれが信じられないのですか？」と問われると、恥ずかしくてたまらなかった。僕は「イエス様は皆さんの罪をすべて背負って行かれました」と説明しながらも、肝心の自分はその「皆さん」のなかに入っているとは思えなかったのだ。聖書では救われた人を新しい命と表現し、乳（聖書のみことば）を飲ませなければならないとされている。そこで、やむをえず僕の家に定期的に集まることにした。教会に通っていた人のなかには救われて前の教会に戻る人もいたが、僕たちの集まりで勉強を続けたいという人も多く、もう少し広い場所が必要になってきた。メンバーは数十人にもなり、まだ救われないでいる僕を中心にいつしか教会ができあがってしまったのだ。僕はそこで身動きが取れなくなってしまった。自信をもって神のみことばを伝えることもできず、だからといって逃げ出すこともできない。できることといえば、不安と恐れのなかで祈ることだけだった。

God, please guide me...

11. 教会に
──自然に
できあがった

12

160

12. Born（誕生）
——ついに
信じられた
（2017年）

161

7年にわたって聖書を勉強し、必死で祈りつづけた。世俗的な生活もすべて捨てた。それでも信仰は現れなかった。心の底から聖書を信じることができなかったのだ。僕は「死ぬ前には神様が救ってくださるだろう」というあきらめの境地に達していた。ところが、2017年4月のある夜のこと。

<blockquote>

この御心に基づいて、

ただ一度イエス・キリストの体が

献げられたことにより、

わたしたちは聖なる者とされたのです。

──『ヘブライ人への手紙』10章10節

</blockquote>

聖書のこの一節を読んでいたら、突然「わたしたち」という言葉のなかに自分が含まれていることがわかった。もちろん、それは前からわかっていたことだが、初めてそれが真実と感じられ、「**聖なる者とされた**」ことが信じられた。頭で理解していたことが、心から真実として信じられたのだ。それは「信じようと努力する」ことと、「信じられてしまった」ことの違いだった。

　しかし、ひとつだけ不安が残っていた。これまで新たに生まれた人たちは、感激して泣いたり、あまりのうれしさに笑い出したり、「胸が熱くなった」とか、「もう死は怖くなくなった」などと言って、確信に満ちた顔をしていることが多かった。それなのに、僕にはなんの感情の変化も起こらなかったのだ。ただ、『ヘブライ人への手紙』10章10節の「**わたしたち**」という言葉のなかに自分も含まれているという悟りがあっただけだ。『ルカによる福音書』24章32節のように胸が熱くなったわけでもない。『イザヤ書』12章1〜3節のように喜びにあふれることも、『使徒言行録』8章36節のように自信に満ちることもなかった。それで僕は自分が救われたことを誰にも言わず、ひとり聖書を通じて確認していった。

　Q. まだ疑いが残っているのか？
　A. これが真実でなければ、それは神の責任だ。

12. Born（誕生）
──ついに
信じられた
（2017年）

証拠：わたし、わたしが主である。わたしのほかに救い主はいな
い。

──『イザヤ書』43章11節

Q. もし死んだときに「お前は罪が残っている」と言われて地獄
に落とされたらどうする？

A.『ヘブライ人への手紙』10章10節には「わたしたちは聖なる者
とされた」と約束されている。

証拠：（……）キリストは常に真実であられる。キリストは御自
身を否むことができないからである。

──『テモテへの手紙二』2章13節

Q. 信じられはしたものの、どうしてこんなに簡単なのか？

A. すべてのことは神が2000年前にあらかじめ定めておかれたか
らだ。

証拠：わたしたちが神を愛したのではなく、神がわたしたちを愛
して、わたしたちの罪を償ういけにえとして、御子をお遣わしに
なりました。ここに愛があります。

──『ヨハネの手紙一』4章10節

ようやく僕は、自分が救われたのだと理解できた。すると聖書

が今までとは違って見えてきた。聖書の内容はすべて、僕と神との関係についての話だったのだ。

さて、あなたがたは、

以前は自分の過ちと罪のために死んでいたのです。

（……）わたしたちも皆、

こういう者たちの中にいて、

以前は肉の欲望の赴くままに生活し、

肉や心の欲するままに行動していたのであり、

ほかの人々と同じように、

生まれながら神の怒りを受けるべき者でした。

しかし、憐れみ豊かな神は、

わたしたちをこの上なく愛してくださり、

その愛によって、罪のために死んでいたわたしたちを

キリストと共に生かし、

──あなたがたの救われたのは

恵みによるのです──

キリスト・イエスによって共に復活させ、

共に天の王座に着かせてくださいました。（……）

事実、あなたがたは、恵みにより、信仰によって

救われました。

12. Born（誕生）
──ついに
信じられた
（2017年）

このことは、自らの力によるのではなく、

　　神の賜物です。行いによるのではありません。

　　それは、だれも誇ることがないためなのです。

　　　　　　　――『エフェソの信徒への手紙』2章1〜9節

　僕はついに心の平和を得た。神の御前（みまえ）で僕はひとつも罪がない
義人だった。自分の目から見たら、僕はいまだに罪の多い人間
だ。これからの人生で罪を犯すこともあるだろう。だが、そのす
べてがイエスの犠牲によって贖われたということが心から信じら
れたのだ。2010年に初めて聖書を開いてから真の平和と真の自
由を得るまでに7年もかかったので、このことが本当に大切に思
われた。だから、できるだけ多くの人に伝えたかった。この平和
は他のことを通じては決して得られないからだ。

　　　　わたしは、平和をあなたがたに残し、

　　　　わたしの平和を与える。

　　　　わたしはこれを、

　　　　世が与えるように与えるのではない。

　　　　心を騒がせるな。おびえるな。

　　　　　　　――『ヨハネによる福音書』14章27節

聖書に登場する神に救われた人たちを見ると、「**子どものような心**」「**貧しい心**」「**傷ついた心**」「**切迫した心**」をもっている。でも僕はこのどれとも縁がなく、救われることは難しいだろうと考えていた。自分がどれほど偽善的な人間なのか知っていたので、なおさらだった。でも、それは大きな思い違いだったのだ。善人であろうが悪人であろうが、神から見ればただ罪のなかであえぐ人間にすぎない。神はすべての人を愛しておられるので、私たちの罪を全部肩代わりしてくださった。その犠牲はすでに2000年前、僕のためにも捧げられていたのだ。今となっては、神が背負った罪のなかから僕の罪だけを選り分けようとしても無理な話だ。イエスは僕のすべての罪のために僕の代わりに十字架につけられた。なぜなら、イエスは僕を心から愛しておられるからだ。僕がずっと夢見ていた「完全で永遠な愛」は、すでに神から与えられていたのである。

I'm saved.

12. Born（誕生）
――ついに
信じられた
（2017年）

167

13

考えてみると、僕の心のなかにできた隙間は「知らなかった」からできたものだった。僕はなぜ生まれたのか、なぜ生きるのか、死んだらどこに行くのかを知らなかった。こんな状態で一日一日を死に向かって歩いていくのだから、心にぽっかり穴が空くのも当然だ。ところが、聖書にその答えを見つけ、それを心から完全に信じられて以来、心の隙間は消えていった。答えを知ったときに消えたのではなく、信じようと決心したときに消えたのでもない。信じられたときに消えたのだった。だから僕は、今も不安のなかで信仰が揺らいでいる人に、自分の心に生まれた平和についてぜひ話したいと思う。

　救いとは、この真の平和をもたらしてくれる完全な信仰をもつことだ。「救い」というと大げさに聞こえるかもしれないが、英

語では"salvation"、つまり"save"の名詞形にすぎない（saveという単語は英語でよく使われる単語なので、聖書では必ずしも救いを意味しないこともある）。人間はsaveされなくてはならない存在だ。これは人間が危険な状況に置かれているということを意味するが、そのことにひとりの例外もない。

> 神は、すべての人々が救われて
>
> 真理を知るようになることを望んでおられます。
>
> ——『テモテへの手紙一』2章4節

では、僕たち人間はどんな危険な状況にあるのだろうか？　死がいつ訪れるかわからない状況におかれているのだから、一刻も早く死という問題に対する答えを見つけなくてはならない。言い換えると、天国（神の国）に行かなければならないのに、問題は聖書に書かれている天国に行くための方法が、人間の常識とあまりにもかけ離れていることにある。だから、通常の思考体系をいったん崩さないと理解は不可能だ。

> わたしの思いは、あなたたちの思いと異なり
>
> わたしの道はあなたたちの道と異なると
>
> 主は言われる。

だから僕は、

今も不安のなかで

信仰が揺らいでいる人に、

自分の心に生まれた平和について

ぜひ話したいと思う。

天が地を高く超えているように

　　わたしの道は、あなたたちの道を

　　わたしの思いはあなたたちの思いを、

　　高く超えている。
　　　　　　──『イザヤ書』55章8〜9節

　聖書に書かれている天国に行く条件について、理解しがたい理由を3つ挙げるなら、

　第一に、神は時間の外にいらっしゃるという点だ。

　人はふつう、すでに犯した罪とこれから犯すだろう罪とを分けて考える。ところが神は人間の未来をすべてご存じなので、両者を同じようにただ「罪」と表現する。神が「お前のすべての罪を赦した」と言えば、それは過去に犯した罪と未来に犯すであろう罪をすべて赦すことを意味するが、我々は自分がこれまでに犯した罪だけが赦されたと考える。時間のなかで生きてきた人間が、時間を超越した神のことを理解するのは実に難しい。

　第二に、天国に行くかどうかは人間の行動とは何の関係もないという点だ。

　神にとっては小さな罪も大きな罪もすべて罪であり、罪を多く犯した人も少ししか犯していない人も、同じ罪人である。人に比べて罪をあまり犯していないからといって、その人が義人になる

わけではない。罪がひとつでもあれば罪人なのであり、罪がひとつもない人だけが義人なのだ。

第三に、人間のすべての罪は他人に対して犯したのではなく、神の前に犯したものだという点だ。

罪人という身分を取り消す最終的な権限は神にある。考えてみれば、世俗的な法も同じだ。誰かを殴れば、暴行を禁止する法律を犯したことになる。殴られた側が加害者を赦したとしても、罪自体が消えるわけではない。被害者と和解すれば情状酌量の余地はあるが、国家によって赦免されないかぎり犯罪者の身分からは解放されない。

以上のような理解しがたい点があるせいで、聖書のメッセージはずっと歪曲されてきた。では実際、聖書がいう「真の救い」とはなんなのだろうか?

> あなたたちは真理を知り、
> 真理はあなたたちを自由にする。
> ——『ヨハネによる福音書』8章32節

人間の先祖であるアダムは、神のみことばに背いて罪を犯し、永遠の存在から死ぬ存在となった。同時に肉体、すなわち血が呪われ、すべての人間はその呪われ汚れた血を受け継いでいるた

め、罪を犯すしかない罪人として生まれる。

罪を犯したから罪人なのではなく、罪人だから罪を犯すのだ。
リンゴが実るからリンゴの木なのではなく、リンゴの木にリン
ゴが実るのと同じことだ。

　人間はみな、死んだら審判を受けることになる。この審判の基
準は単純だ。ひとつでも罪があれば天国には行けない。神は正義
の王であるので、罪人を見れば処罰するしかないためだ。死後の
世界は、神とともに生きる天国と神のいない地獄のふたつしかな
いので、神とともに生きられないということは、すなわち地獄に
行くことを意味する。

また、人間にはただ一度死ぬことと、

その後に裁きを受けることが定まっているように、

──『ヘブライ人への手紙』9章27節

律法全体を守ったとしても、

一つの点でおちどがあるなら、

すべての点について有罪となるからです。

<hr>

　　　　　　　——『ヤコブの手紙』2章10節

<hr>

<hr>

　　　　罪が支払う報酬は死です。（……）

<hr>

　　　　　——『ローマの信徒への手紙』6章23節

<hr>

　よって、人間が行動を正したからといって天国に行けるわけで
はない。

<hr>

　　　　　　次のように書いてあるとおりです。

<hr>

　　　　「正しい者はいない。一人もいない。」

<hr>

　　　　　——『ローマの信徒への手紙』3章10節

<hr>

<hr>

　　　　なぜなら、律法を実行することによっては、

<hr>

　　　だれ一人神の前で義とされないからです。

<hr>

　　律法によっては、罪の自覚しか生じないのです。

<hr>

　　　　　——『ローマの信徒への手紙』3章20節

<hr>

　つまり、義人になる唯一の方法は、罪を犯さないことではな
く、すべての罪を赦してもらうことなのだ。では、どうすれば罪

が赦されるのだろうか？

　イエスは2000年前にこの地に来られたとき、僕という人間が
いつ生まれ、生涯にどのような罪を犯すのかすべてご存じだっ
た。神は時間の外にいらっしゃるからだ。神は僕が生まれる前
に、僕の人生をすべて本に記録しておかれたとされている。

　　　胎児であったわたしをあなたの目は見ておられた。

　　　わたしの日々はあなたの書にすべて記されている

　　　まだその一日も造られないうちから。

　　　　　　　　　　　　　——『詩編』139編16節

　だから、イエスは自分の弟子であるイスカリオテのユダが自分
を裏切ることや（『ヨハネによる福音書』6章70節）、ペトロが
自分を否認すること（『マタイによる福音書』26章34節）をあら
かじめご存じだったのだ。

　ここで忘れてならないのは、神は人間の未来を知っているとい
うことであって、決めておかれたわけではないということだ。人
間の未来はあくまで人間の自由意思、自分たちの選択によって決
まるものだ。神はその結果をあらかじめ知っているにすぎない。
もし人間の未来が決まっているのだとすれば、人生はすべて自分
の選択とは関係ないものになってしまうので、神が人間を天国や

地獄に送る理由はない。

「すべての人間の、すべての罪」を、神はあらかじめ知っているから、すべての罪を自らの分身であるイエスに背負わせ、我々の身代わりとして罰を受けさせたのである。この「すべての人間のすべての罪」を、聖書では「世の罪」「地の罪」と言う。

> その翌日、ヨハネは、
> 自分の方へイエスが来られるのを見て言った。
> 「見よ、世の罪を取り除く
> 神の小羊だ。」
> ——『ヨハネによる福音書』1章29節

> （……）万軍の主は言われる。
> そして、一日のうちにこの地の罪を取り除く。
> ——『ゼカリヤ書』3章9節

　ここで言う「世の罪」のなかには当然、僕の罪も入っているので、イエスが十字架にかけられたとき、僕のすべての罪も贖われたことになる。僕がまだ犯していない、未来の罪までもだ。さもなければ、聖書は「罪から解放された」や「罪から自由になっ

た」という表現は使わなかったはずだ。

　　　　　　　　イエスはお答えになった。

　　　　　　　「はっきり言っておく。

　　　　罪を犯す者はだれでも罪の奴隷である。」

　　　　　　　──『ヨハネによる福音書』8章34節

　　　　　　　しかし、神に感謝します。

　　　あなたがたは、かつては罪の奴隷でしたが、

　　　今は伝えられた教えの規範を受け入れ、

　　　　それに心から従うようになり、

　　　　　　罪から解放され、

　　　義に仕えるようになりました。（……）

　　　あなたがたは、今は罪から解放されて

　　神の奴隷となり、聖なる生活の実を結んでいます。

　　　　行き着くところは、永遠の命です。

　　　　──『ローマの信徒への手紙』6章17～18、22節

　ところで、神はどうしてこんなことをしたのだろうか？　なぜ
人間の体としてこの地に来て、身代わりとなって罰を受けられた

のだろうか。それは神が人間の本当の父だからだ。神はこの世の生き物を創るとき、唯一人間だけを自身の姿に似せて創造されたのだ。

> 神は御自分にかたどって人を創造された。
>
> 神にかたどって創造された。（……）
>
> ——『創世記』1章27節

　そして神は今も人間を一人ひとり、母胎のなかで創っておられる。親は我々を生み育ててくれたが、実際にお腹のなかで人間を創るのは神なのである。

> あなたは、わたしの内臓を造り
>
> 母の胎内にわたしを組み立ててくださった。
>
> わたしはあなたに感謝をささげる。
>
> わたしは恐ろしい力によって
>
> 驚くべきものに造り上げられている。（……）
>
> ——『詩編』139編13〜14節

　神はなぜ人間をお創りになったのか？　それは人が子どもを産むのと同じ理由だ。愛を注ぎたいからだ。しかし人間がその愛を

受けようとするなら、まず知っておくべきことがある。主は私たちのために自らの命を差し出した親であるという事実だ。代償を払って何かを取り戻すことを「贖い」といい、それを誰かが肩代わりすることを「代贖」（だいしょく）という。そしてイエスが私たちの罪を肩代わりし、代贖してくれたという喜ばしい知らせを「福音」という。つまり福音とは、親が子どもの罪を代わって償った後に残された約束だ。では、その約束について見てみよう。

> わたしはあなたの背きを雲のように
> 罪を霧のように吹き払った。
> わたしに立ち帰れ、わたしはあなたを贖った。
> ——『イザヤ書』44章22節

> 「（……）もはや彼らの罪と不法を
> 思い出しはしない。」
> 罪と不法の赦しがある以上、
> 罪を贖うための供え物は、
> もはや必要ではありません。
> ——『ヘブライ人への手紙』10章17～18節

（……）あなたはわたしの魂に思いを寄せ

滅びの穴に陥らないようにしてくださった。

あなたはわたしの罪をすべて

あなたの後ろに投げ捨ててくださった。

——『イザヤ書』38章17節

論じ合おうではないか、と主は言われる。

たとえ、お前たちの罪が緋のようでも

雪のように白くなることができる。

たとえ、紅のようであっても

羊の毛のようになることができる。

——『イザヤ書』1章18節

罪と何のかかわりもない方を、

神はわたしたちのために罪となさいました。

わたしたちはその方によって

神の義を得ることができたのです。

——『コリントの信徒への手紙二』5章21節

そして、十字架にかかって、自らその身に

わたしたちの罪を担ってくださいました。

わたしたちが、罪に対して死んで、

義によって生きるようになるためです。

そのお受けになった傷によって、

あなたがたはいやされました。

――『ペトロの手紙一』2章24節

彼が刺し貫かれたのは

わたしたちの背きのためであり

彼が打ち砕かれたのは

わたしたちの咎のためであった。

彼の受けた懲らしめによって

わたしたちに平和が与えられ

彼の受けた傷によって、わたしたちはいやされた。

――『イザヤ書』53章5節

　このように、神は人間のあらゆる罪を贖い、待っておられるの
で、我々はこの事実に気づいて、信じさえすればいい。地獄に行

くのは、この事実を信じないからだ。

罪についてとは、

彼らがわたしを信じないこと、

——『ヨハネによる福音書』16章9節

　つまり、福音を完全な真実として心から信じられたなら、地獄に行くような罪はひとつもないわけだ。これを「救い」という。救いとは神の約束が信じられることであり、聖書では救われた人のことを「約束を受けた者たち」と表現している。

愛する人たち、わたしたちは、

このような約束を受けているのですから、

肉と霊のあらゆる汚れから自分を清め、神を畏れ、

完全に聖なる者となりましょう。

——『コリントの信徒への手紙二』7章1節

「約束を受けるために」正しく生きることが他の宗教の教理であるとするなら、「約束を受けたうえで」正しく生きようというのが聖書の言う真理だ。これが他の宗教が与える拘束と聖書が与える自由との違いなのである。

はっきり言っておく。

わたしの言葉を聞いて、

わたしをお遣わしになった方を信じる者は、

永遠の命を得、また、裁かれることなく、

死から命へと移っている。

——『ヨハネによる福音書』5章24節

　こうなって初めて、我々は「義人となった」「新たに生まれた」「神の子になった」「自由になった」「聖霊を受けた」「永遠の命を得た」「平和を得た」といった表現を使うことができるのだ。だから、このように信じられる瞬間を迎えるまで、神を「父」と呼んではならない。

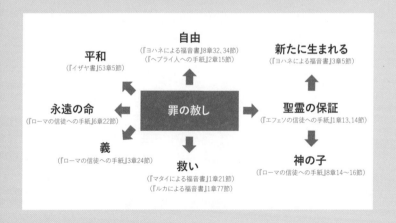

自由
（『ヨハネによる福音書』8章32、34節）
（『ヘブライ人への手紙』2章15節）

新たに生まれる
（『ヨハネによる福音書』3章5節）

平和
（『イザヤ書』53章5節）

永遠の命
（『ローマの信徒への手紙』6章22節）

罪の赦し

聖霊の保証
（『エフェソの信徒への手紙』1章13、14節）

義
（『ローマの信徒への手紙』3章24節）

救い
（『マタイによる福音書』1章21節）
（『ルカによる福音書』1章77節）

神の子
（『ローマの信徒への手紙』8章14〜16節）

この図にある聖書の言葉をよく見ると、周囲にあるすべての言葉は、中心にある「罪の赦し」、すなわち完全なる罪の赦しを受けることで得られるものであることがわかる。したがって、自分の過去の罪と未来の罪のすべてに対して完全なる赦しを受けたという真実を心から信じられない人は、図に書かれたすべてのことも手に入れられないのである。

信仰

14

「信じる」ことと
「信じられる」ことの違い

心のなかの疑いが消えて、福音が完全に信じられるような信仰は、自分の決心や努力から生まれるものではない。このような完全な信仰は、人間の内にはないからだ。それはある瞬間、神がみことばを通して吹き込んでくださったときにだけ可能となるものだ。聖書をよく読んでみると、信仰には２種類があることがわかる。「人間の信仰」と「みことばを通して与えられた信仰」だ。

イエスは、御自分を信じた

ユダヤ人たちに言われた（……）

（……）なぜわたしを信じないのか。

—— 『ヨハネによる福音書』8章31、46節

その子の父親はすぐに叫んだ。

「信じます。信仰のないわたしをお助けください。」

—— 『マルコによる福音書』9章24節

神の義は、その福音の中に啓示され、

信仰に始まり信仰に至らせる。

これは、「信仰による義人は生きる」と

書いてあるとおりである。

—— 『ローマ人への手紙』1章17節（口語訳聖書）

　もしも信仰が1種類しかないなら、これらの3つの節は論理的に成り立たない。そこでこれら3つの節に表れる「信仰」を、仮に「信仰1」と「信仰2」として、もう一度読み返してみよう。

イエスは、御自分を信じた[1]

ユダヤ人たちに言われた（……）

（……）なぜわたしを信じ[2]ないのか。

—— 『ヨハネによる福音書』8章31、46節

その子の父親はすぐに叫んだ。

「信じます[1]。信仰[2]のないわたしをお助けください。」

——『マルコによる福音書』9章24節

神の義は、その福音の中に啓示され、

信仰[1]に始まり信仰[2]に至らせる。

これは、「信仰[2]による義人は生きる」と

書いてあるとおりである。

——『ローマ人への手紙』1章17節（口語訳聖書）

　こうやって信仰をふたつに分けると筋が通る。そしてもうひとつ、「信仰1」だけでは天国には行けないということがわかる。

イエスは過越祭の間エルサレムにおられたが、

そのなさったしるしを見て、

多くの人がイエスの名を信じた[1]。

しかし、イエス御自身は

彼らを信用されなかった。（……）

——『ヨハネによる福音書』2章23〜24節

14. 信仰
——「信じる」こと
と「信じられる」
ことの運

イエスの弟子たちも、イエスが亡くなる前にイエスを神の子として信じて従ったが、そのときは心から信じていたわけではなかったと書かれている。すなわち「信仰1」はあったが、「信仰2」はなかったということだ。

<blockquote>
イエスが死者の中から復活されたとき、

弟子たちは、イエスがこう言われたのを思い出し、

聖書とイエスの語られた言葉とを信じた[2]。

——『ヨハネによる福音書』2章22節
</blockquote>

「信仰1」とは、人間が信じると決心すること、信じようと努力すること、すなわち人間の内にある信仰だ。一方、「信仰2」は、あるとき突然に信じてしまうこと、信じまいとしても抗えない、すなわち神がみことばを通して与えてくださる信仰だ。「信仰1」は自分が信じようと決心する能動的な行為だが、「信仰2」は自分の内に起こる受動的な出来事なのだ。だから聖書は「信仰2」を説明するとき、すべて神から与えられるかたちで表現しているのである。

<blockquote>
愛する人たち、わたしたちが共にあずかる救い

（common salvation）について書き送りたいと、
</blockquote>

ひたすら願っておりました。

あなたがたに手紙を書いて、聖なる者たちに

一度《ひとたび》伝えられた信仰[2]のために戦うことを、

勧めなければならないと思ったからです。

——『ユダの手紙』3節

しかし、信仰[2]が現れたので、もはや、わたしたちは

このような養育係の下《もと》にはいません。

——『ガラテヤの信徒への手紙』3章25節

どうか、わたしたちの主イエス・キリストの神、

栄光の源である御父《おんちち》が、

あなたがたに知恵と啓示との霊を与え、

神を深く知ることができるようにし、

心の目を開いてくださるように。

そして、神の招きによって

どのような希望が与えられているか、

聖なる者たちの受け継ぐものが

どれほど豊かな栄光に輝いているか

14. 信仰
——「信じる」こと
と「信じられる」
ことの彼方へ

悟らせてくださるように。

また、わたしたち信仰者に対して絶大な働きをなさる

神の力が、どれほど大きなものであるか、

悟らせてくださるように。

——『エフェソの信徒への手紙』1章17 〜 19節

そしてイエスは、

聖書を悟らせるために彼らの心を開いて、

——『ルカによる福音書』24章45節

（……）神をあがめるリディアという婦人も

話を聞いていたが、主が彼女の心を開かれたので、

彼女はパウロの話を注意深く聞いた。

——『使徒言行録』16章14節

　このように「信仰1」はもとうと思えばもてる反面、「信仰2」は神から与えられるまで待つしかない。与えられないかぎり、いくらもちたくても、もてないものだ。だから聖書には、信仰の完成者は自分ではなくイエス（みことば）であると書かれて

いる。

> 信仰の創始者また完成者（finisher）である
> イエスを見つめながら。（……）
> ——『ヘブライ人への手紙』12章2節

　人間が決心して努力すれば、ただちに新たに生まれることができ、救われるかのように説明する牧師がいたとしたら、それはおそらく、その牧師自身も神から与えられる「信仰2」を授かった経験がないのだろう。

　ところで、人間の意思や決心だけでは救われないということは、意思や決心がなくてもいいという話ではない。聖書のみことばを通して、自分が救われるべき罪人（つみびと）であることを悟り、告白することを「悔い改め」と言うが、救われるには絶対に悔い改めが必要となる。ところが、この悔い改めを救いだと考えてはならない。悔い改めた状態で神に救いの祈りをすれば、いつかみことばを通じて与えられる完全な信仰がある。この完全な信仰が生まれることを救いと言う。そして悔い改めればすぐに救われる人もいれば、僕のように7年もかかってやっと救われる人もいる。

悔い改め＝救い（×）

悔い改め⇒救い（○）

　悔い改めと救いのあいだに存在するのが約束である。神が約束
された罪の赦しを、心から信じられることが救いなのだ。このこ
とが完全に真実として信じられてこそ、死への恐怖は消える。逆
に、「信仰１」しかもたない人は心から確信することができない
ので、その心に自由・平和・喜びがもたらされることはない。

> 死の恐怖のために一生涯、
>
> 奴隷の状態にあった者たちを解放なさるためでした。
>
> ——『ヘブライ人への手紙』2章15節

> こうして、愛がわたしたちの内に全うされているので、
>
> 裁きの日に確信を持つことができます。
>
> （……）愛には恐れがない。
>
> 完全な愛は恐れを締め出します。
>
> なぜなら、恐れは罰を伴い、
>
> 恐れる者には愛が全うされていないからです。
>
> ——『ヨハネの手紙一』4章17〜18節

上のみことばを見ると、こう書いてある。「イエスは私のために亡くなった」という神の愛を心から完全に信じられれば、死後の審判は怖くなくなるのだ、と。だから、この特別で不思議な信仰を「神の賜物」と呼ぶのである。

> 事実、あなたがたは、恵みにより、
> 信仰によって救われました。
> このことは、自らの力によるのではなく、
> 神の賜物です。
> 行いによるのではありません。それは、だれも
> 誇ることがないためなのです。
> ——『エフェソの信徒への手紙』2章8〜9節

　だからイエスはこの「信仰2」を説明するために「新たに生まれる（born again）」という表現を使われた。

> イエスはお答えになった。「はっきり言っておく。
> だれでも水と霊とによって生まれなければ、
> 神の国に入ることはできない。」
> ——『ヨハネによる福音書』3章5節

この節における「水」とは神のみことばを意味し（『エフェソの信徒への手紙』5章26節、『アモス書』8章11節）、「霊」とはこの世で人知れず働く神の霊のことだ。では、イエスはなぜ「変化（change）」という単語ではなく、「生まれる（born）」という単語を使ったのだろうか。それは両者がまったく違う性質をもっているためである。

　「生まれる」とは何か。
　それは自分の意思によるのではない。
　誰を父とするのかは永遠に変わることがない。
　それはある瞬間に起こることであり
　両親の種を必要とする。

　「変化」の特徴は何か。
　それは自分の意思によるものだ。
　だから変化する前の状態に戻ることもできる。
　一定の期間に徐々に起こるものであり
　両親の種は必要としない。

	生まれる（born）	変化する（change）
意思によって可能	✕	◯
戻ることができる	✕	◯
ある瞬間に起こる	◯	✕
種を必要とする	◯	✕

　宗派を問わず多くの教会で、心の片隅に疑いを抱いている信仰、すなわち不安な信仰をもつ者同士で洗礼を授け、洗礼を受けながら、お互いを慰めている。それが聖霊に満たされない、つまり生命のない教会の姿だ。では、生命のある教会とはどのようなものなのだろうか？　それについては次章で話すことにしよう。

15

15. 真の教会
―― どこが違うのか？

一般に教会を選ぶとき、牧師の人柄と聖書の知識を基準にする人が多いだろう。ところが聖書はこう警告している。

　　　　こういう者たちは偽使徒、ずる賢い働き手であって、
　　　　　　キリストの使徒を装っているのです。
　　　　　　だが、驚くには当たりません。
　　　　　サタンでさえ光の天使を装うのです。
　　　　　　　　──『コリントの信徒への手紙二』11章13 〜 14節

　誰の目から見ても立派な牧師、神父であっても、なかにはサタンの手先がいるというのだ。では、何を見て真の教会、生命のある教会と判断するのか。それは新たに生まれること、すなわち生

命の誕生だ。それこそが、神が聖書を人間に与えた理由なのだから、真の教会であれば、生命を得る人たち、つまり救われる人たちが次々と生まれるはずだ。多くの人が聖書を「人間に慰めと教訓を与えるために書かれた本」だと誤解している。しかし聖書とは、実は「人間に永遠の生命を与えるために書かれた本」なのである。

> わたしに向かって、『主よ、主よ』と言う者が皆、
>
> 天の国に入るわけではない。
>
> わたしの天の父の御心を行う者だけが入るのである。
>
> ——『マタイによる福音書』7章21節

> わたしの父の御心は、子を見て信じる者が皆
>
> 永遠の命を得ることであり（……）
>
> ——『ヨハネによる福音書』6章40節

> あなたたちは聖書の中に永遠の命があると考えて、
>
> 聖書を研究している（……）
>
> ——『ヨハネによる福音書』5章39節

これらのことが書かれたのは、あなたがたが、

　　イエスは神の子メシアであると信じるためであり、

　　また、信じてイエスの名により

　　命を受けるためである。

　　　　　　──『ヨハネによる福音書』20章31節

　立派な牧師が誠実に正しく導いているのに、福音が誤っている
教会は多い。聖書の知識を教え、感動と慰めを与え、自ら正しい
生き方の模範を示していても、福音が正しくなければ生命は生ま
れない。聖書にはこんなみことばがある。

　　キリストに導く養育係が

　　あなたがたに一万人いたとしても、

　　父親が大勢いるわけではない。

　　福音を通し、キリスト・イエスにおいて

　　わたしがあなたがたをもうけたのです。

　　　　　　──『コリントの信徒への手紙一』4章15節

　上のみことばが意味するところは、「ただ聖書を教えさえすれ

ばいいわけではなく、人間が新たに生まれることが重要だ」ということだ。一般に「教会」といえば場所のことを連想するが、聖書でいう「教会」とは、新たに生まれた人間の集団を意味する。この新たに生まれた人々が集まって、他の人々を新たに生まれさせる場が真の教会なのだ。つまり、福音が正確かどうかが最も重要な判断基準になる。ところが聖書によると、このような真の教会は偽の教会に比べて非常に少ないという。

　　すると、「主よ、救われる人は少ないのでしょうか」
　　と言う人がいた。イエスは一同に言われた。
　　　　「狭い戸口から入るように努めなさい。
　　　　　　言っておくが、
　　　　入ろうとしても入れない人が多いのだ。」
　　　　　　　──『ルカによる福音書』13章23〜24節

　　「狭い門から入りなさい。滅びに通じる門は広く、
　　その道も広々として、そこから入る者が多い。
　　　　しかし、命に通じる門はなんと狭く、
　　その道も細いことか。それを見いだす者が少ない。」
　　　　　　　──『マタイによる福音書』7章13〜14節

はたしてあなたの教会は、この「狭くて細く、見いだす者が少ない道」だろうか。この聖書の記述を基準に、正しい福音の特徴を４つに整理してみよう。

あなたの教会は次のように教えていますか？

1．イエスが代わりに背負われた罪には、あなたが過去に「犯した罪」だけでなく、これから「犯す罪」も含まれている。

2．この事実を信じると決心することと、心から完全に信じられることは違う。心から完全に信じられることを「救い」と言う。

3．洗礼は、心から完全に信じられた後に受けるものである。

4．救いとは、善い行いをしたから受けられるものでもなく、悪い行いをしたから取り消されるものでもない。

　もちろん、救いは人によって多様なかたちで現れるが、そこには明らかな共通点がある。信仰のない人、あるいは「信仰１」だけをもっている人が、ある瞬間にみことばを通して「信仰２」、すなわち完全な信仰が与えられるということだ（「信仰１」と「信仰２」の違いについては14章を参照）。聖書はこれを「共にあずかる救い（common salvation）」と表現し、その共通点を

"ある瞬間に"与えられた信仰（once delivered）だと言う。

愛する人たち、わたしたちが共にあずかる

救い（common salvation）について

書き送りたいと、ひたすら願っておりました。

あなたがたに手紙を書いて、

聖なる者たちに一度伝えられた

信仰（once delivered）のために戦うことを、

勧めなければならないと思ったからです。

——『ユダの手紙』3節

　7年前、ひとりの牧師さんから手紙が舞い込んだ。僕が『ラジオスター』という番組で「聖書は頭では信じられても、心では信じられない」と話していたのを見て、手紙を書いたのだという。当時、ソウル南郊の龍仁の教会で牧会をされており、今は木浦の教会におられるイム牧師という方だった。手紙を読んだ瞬間、僕はぴんときた。「この方は本当に新たに生まれたのに違いない」と。自分が決心したからといって救われるものではないという事実を、この方もよくわかっていたのだ。

私も本当に信じたかったのに、信じられずに苦しんだ人間で

す。ところがある日、この『ローマの信徒への手紙』5章8節
のみことばが信じられたのです。

　　　しかし、わたしたちがまだ罪人であったとき、

　　　キリストがわたしたちのために

　　　死んでくださったことにより、

　　神はわたしたちに対する愛を示されました。

　信じられることは恵みです。自分が信じたくて信じるのは、
自分の行為、自分の手柄なので、それは慢心や傲慢のもとにな
ることでしょう。ですが、神の恵みによって信じられた今、こ
の恵みに感謝しながら牧会の道を歩んでいます。

　　　　　　　　――龍仁民族村付近で牧会をするイム牧師より

　この手紙を読むと、信じようと決心することと信じられること
を完全に区別して説明していることがわかる。だから僕はこの手
紙を7年間、大切に保管していた。いつか自分も救われたら、必
ず連絡しようと思ったからだ。救われて7年ぶりに連絡をする
と、イム牧師はとても驚いて、わざわざソウルまで会いに来てく
ださった。そしてふたりで夜遅くまで信仰の証しについて語りあ
いながら親交を深めた。僕とイム牧師はまったくの初対面だった

が、お互いの信仰の証しが、ふたりを兄弟のようにひとつに結び
つけてくれたのだ。では、キリスト教の歴史のなかの人物たちの
信仰の証しはどのようなものだったのだろうか？　いくつか例を
挙げてみよう。

マルティン・ルター（Martin Luther）の証し

　私は使徒パウロが記した『ローマの信徒への手紙』を理解し
たいという強い情熱にとらわれていた。しかし「神の義（the
justice of God）」という一言が、その道を妨げていた。なぜ
なら私は、この「義」という言葉を、「神は正しい存在である
がゆえに、不義な人間たちを公正に処罰する」という意味で理
解していたからだ。そのときの私の状況をいうなら、修道士と
しては一点のうしろめたさもなかったが、神の前では依然とし
て良心の呵責を感じる罪人であった。そのため、とうてい自分
の功績をもって神の怒りを和らげる自信はなかった。それで私
は、公正で怒りに満ちた神を愛するどころか、逆に神を憎んで
不平を並べ立てた。それと同時に、パウロにすがりつき、彼が
どういう意味でそんなことを言ったのか知りたいという渇望に
とらわれていた。

　そのことが朝も夕も頭から離れなかった私は、ある日「神の

義」と「義人は信仰で生きる」という言葉のあいだに関連があるという事実に気がついた。そして悟ったのだ。「神の義」とは、神が恵みと純粋な慈悲を発揮され、ひとえに人間の信仰のみをご覧になって人間の義を判断される、受動的な義であることを。その瞬間、私は完全に新たに生まれ、大きく開かれた扉から楽園に入ったような気分になった。同時に、聖書も新たな意味をもつことになった。以前の私は、「神の義」に対する憎悪で満たされていたが、それからというもの、それは言葉で言い表せないほど大切なものとなり、より大いなる愛を呼び起こしてくれた。パウロのこの一節が、私にとって天国へと通じる扉となったのである。

出典：Roland H. Bainton『Here I Stand:
A Life of Martin Luther』（Mentor, 1950）

ジョン・ウェスレー（John Wesley）の証し

　彼が（訳注／1738年）５月24日付の日記に書いた一文である。
　「その日の夕方、気が進まなかったが、アルダスゲート街の集まりに出かけた。すると誰かがルターの『ローマの信徒への手紙講義』を読んでいた。午後8時45分、キリストを信じることで神が心のなかに起こす変化について彼が述べているとき、私の心が

不思議と温かくなった。そして私は、自分がイエスだけを通じた救いを信じていると感じた。イエスが私のすべての罪を取り除き、罪と死の律法から救ってくださったという確信が私に与えられたのだ。」

出典：『ジョン・ウェスレーの日記』（クリスチャンダイジェスト、1984）

ジョージ・ホイットフィールド（George Whitefield）の証し

そんなころ、ホイットフィールドは、チャールズ・ウェスレーを通じて知ったスコットランドの神学者ヘンリー・スクーガル（Henry Scougal）の『人間の魂のなかにある神の生命』という著作を読み、自分がその生命をもっていないことに気づいた。真の信仰とは何かがわからなくなった彼は、深い絶望に陥った。そして自分が永遠に「失われた者」になるかもしれないという、尋常でない恐怖にとらわれながら祈った。彼は新たに生まれる必要性を痛感し、深刻な霊的戦いに突入した。

そんなある日、ホイットフィールドはこれまでに読んできた本を全部片付けて、聖書だけを膝の上に置き、ひたすら黙想した。新約聖書のみことばを一節読んでは祈り、また一節読んでは祈った。祈りの内容はこういうものだった。「神よ！　新たに生まれることについて教えてください！　私のなかに新しい生命がある

ことをわからせてください！」食事もほとんどとらなかったため
体が弱り、医師の勧めで7週間にわたり床に伏したが、ベッドの
上でも毎日、自らの罪を悔い改めるとともに、神に新しい生命に
ついて切実に求め続けた。神のみわざが起こったのは、そのとき
である。自分の力と努力では何もできないと感じていたある日の
こと、もう頑張る気力さえ尽きた瞬間だった。神が『ローマの信
徒への手紙』8章15～16節のみことばを通じて、恵みの光を与
えたもうたのだ。ホイットフィールドはその新たに生まれた体験
をこのように告白している。「神はその重い荷を下ろしてくださ
り、私に生きた信仰を与え、神の大切な息子を抱きしめてくださ
った。おお！　憂いに沈んでいた私の魂から罪の重みが消え去
り、代わりに神の愛が宿った。魂に満ちたその喜びの大きさは、
言葉に尽くせないほどだ。それは栄光の喜びであった。その日は
永遠に記憶に残る日となった。私の喜びは、まるで洪水のように
堤防を越えて氾濫していった」

出典：アーノルド・デリモア『ジョージ・ホイットフィールド：
18世紀の偉大な福音伝道者』（ポギンヌンサラム、2015）

このように、僕の証し、イム牧師の証し、ルター、ウェスレ
ー、ホイットフィールドの証しは、すべて先ほどに説明した「共
にあずかる救い」という特徴をもっている。いずれも、ある瞬間

に自分が神の前に罪人であるという事実を悟り、悔い改めの祈り
をしているとき、聖書のみことばや新たに生まれた人たちの証し
を通じて、自分のすべての罪が完全に許されたと信じられたので
ある。このような人たちが集まっている場が真の教会なのだとい
える。一般に教会といえば、社会的に公認された牧師がいて、社
会的に認められた宗派に属してさえいれば、その要件を満たして
いると思われている。しかし、真の教会とは人間の制度で規定で
きるものではない。神がつくり、神が導くものであって、神のみ
わざによって規定されるものだ。もちろん、そのみわざとは人々
が新たに生まれることだ。

　僕は、イム牧師と出会って証しと福音を共有できたことが本当
にうれしかった。そして今は、イム牧師を通じて知り合った、同
じ福音を信じる神学大の教授たちとともに、聖書のスタディグル
ープで勉強している。1カ月に1回、お互いの教会を訪れては、
この集まりに多くの知恵を授けてくださるよう神に祈っている。

　メンバーはそれぞれ聖書に対する観点や解釈に違いがあるの
で、ときには激しく議論を闘わせることもある。しかし、聖書の
核心である福音の概念を共有しているので、神が我々を真理へと
導いてくれることを全員が信じている。だからといって、僕がこ
の牧師たちの所属する教団や特定の宗派を絶対的に支持している
わけではない。正しいと思う宗派のなかでも誤った福音を教える

牧師を見たことがあるし、誤っていると思われる宗派のなかでも、正しい福音を教える牧師がいるだろうからだ。僕が教会を見る基準は、所属する宗派や資格証ではなく、福音の中身である。そして、福音に必然的にともなう儀式が洗礼であるため、洗礼をいつ、どのように施すのかということも、真の教会を見分けるよい基準のひとつだといえるだろう。

　教会や聖堂で施す洗礼は、本来は全身を水に浸して、そこから立ち上がる洗礼でなくてはならない。『ローマの信徒への手紙』6章などを見ると、洗礼とは罪人だった自身が死に、義人に生まれ変わったという救いの証しとされている。したがって、自分の罪がすべて許されたという事実が心から完全に信じられた人だけを対象にするべきだ。

> それともあなたがたは知らないのですか。
>
> キリスト・イエスに結ばれるために
>
> 洗礼を受けたわたしたちが皆、
>
> またその死にあずかるために
>
> 洗礼を受けたことを。（……）
>
> わたしたちの古い自分が
>
> キリストと共に十字架につけられたのは、
>
> 罪に支配された体が滅ぼされ、

もはや罪の奴隷にならないためであると知っています。

死んだ者は、罪から解放されています。

———『ローマの信徒への手紙』6章3、6〜7節

　ところが多くの教会では、一定期間の勉強をして神を信じることを決心しさえすれば洗礼を施している。つまり「信仰1」だけあれば洗礼を施しているわけだ。すると洗礼を受けた人たちは、救われていないにもかかわらず、受けたものと錯覚したまま生きることになる。真の平和は、死の恐怖から完全に解放されたとき、すなわち死後に天国に行けるという確信が生まれたときにやってくるものだ。「信仰1」しかもたない人に洗礼を施し、「平和だ」「平和だ」と言ったところで、その人の心に真の平和はやってこない。

　　　彼らは、わが民の破滅を手軽に治療して

平和（Peace）がないのに、『平和、平和』と言う。

———『エレミヤ書』6章14節

　だからこそ、聖書には洗礼を施す前に行うべき質問の例が紹介されている。洗礼を受けたいという人に、イエスの弟子フィリポはこう言う。

フィリポが、

「真心から信じておられるなら、差し支えありません
(If you believe with all your heart, you may……)」

と言うと（……）

——『使徒言行録』8章37節

　明らかに"all your heart（真心）"から信じられたのかと聞いている。心の片隅にある疑いまで完全に消えた全き信仰、すなわち「信仰2」を得たのかを確認しているわけだ。このような確認もせずに洗礼を施す理由はなんだろうか？　それはおそらく、洗礼を施す側も、そのような信仰を得た経験がないためだろう。

　救われていないのに救われたと錯覚することは、深刻な問題だ。救われないままになってしまう。なぜなら、神は救いを求めて叫ぶ人を救ってくださると聖書に書かれているからだ。

主を畏れる人々の望みをかなえ

叫びを聞いて救ってくださいます。

——『詩編』145編19節

　聖書には「心の目」についても書かれている。それはイエスが

人間を救ってくださるときに開かれる eye of understanding（悟りの目）だ。

> どうか、わたしたちの主イエス・キリストの神、
>
> 栄光の源である御父が、
>
> あなたがたに（……）
>
> 心の目を開いてくださるように。
>
> （……）悟らせてくださるように。
>
> ──『エフェソの信徒への手紙』1章17〜19節

　救われなかった人は、この心の目が閉ざされている。だから聖書では、それを「blind」と表現している。

> イエスは言われた。
>
> 「見えなかった（blind）のであれば、
>
> 罪はなかったであろう。しかし、今、
>
> 『見える』とあなたたちは言っている。
>
> だから、あなたたちの罪は残る。」
>
> ──『ヨハネによる福音書』9章41節

救われなかった人が救われたと思っていると、救われる術を失

うというみことばである。僕が聖書の勉強を始めてから7年目の2017年にようやく救われたのは、救われていないことを自分でわかっていたからだ。僕が2012年に聖書を信じようと決心して生活を根底から変えたとき、牧師たちは僕が救われたと言った。もしそれを鵜呑みにして洗礼を受けていたなら、頭が混乱していたことだろう。だから、教会に通いはじめて数日しかたっていなくても、その人が心から福音を信じられたというなら洗礼を施すべきであり、まだ信じられないというなら、5年たとうが10年たとうが洗礼を施すべきではない。

　あなたの教会には、何年も熱心に通っているのに、罪の赦しに対する確信をもてず、洗礼を受けられないでいる人がいないだろうか。もしそうした人がひとりもいないなら、そこが真の教会なのか疑う必要があるだろう。

　救われるまでに時間がかかることは、必ずしも悪いことばかりではない。僕の場合、7年という長い歳月がかかったために、救いは自力によるものではなく、完全に神のみわざによるものだと悟ることができた。だからこそ、救われたときの感謝の気持ちもいっそう大きかったのだろう。

　福音を伝えるための聖書セミナーを主宰していると、僕のところで救われたと喜んでくれる人もいれば、逆に自分が救われていないことに気づいたと感謝してくれる人もいる。信仰を親から受

け継ぎ教会で洗礼も受け、救われたと思っていたのに、僕のセミナーに参加することで自分の心のなかに疑いが残っていると気づくことができたというのだ。神は灰色を嫌う。だから生命のある教会に行くと、自分が黒か白か、つまり救われたかどうかが正確にわかる。それが生命のある教会の特徴だ。

では、誤った福音とはどんなものだろうか。次に挙げる5人の牧師は、いずれもアメリカと韓国で偉大な牧師として尊敬されている方たちだ。僕が彼らの説教を誤った福音だと断定する根拠は、彼らは悔い改めの祈りをすればすぐに救われると言うからだ。もちろん、救われるには悔い改めの祈りが絶対に必要だ。しかし、救いとは福音が心から事実として信じられるということなので、悔い改めと同時にすぐに救われることもあれば、僕のように信じられるまでに長い時間が必要なこともある。

アメリカのO牧師

こう祈りなさい。「主イエスよ、私は罪を悔い改めます。私の心のなかにお入りください。あなたは私の主であり、救い主です」。みなさん、このように簡単なお祈りさえすれば、私たちはあなたが新たに生まれたことを信じます。

アメリカのS牧師

告白とは何か、ご説明しましょう。それは神の子が十字架にかけられることで、人間の罪を完全に贖ったという神のみことばに同意するという意味です。あなたが罪人であることを悟り、自らを救うことができないので、信仰によって罪を赦して救って下さるよう祈り、それを信じると言えば、その瞬間にあなたの罪は消えます。そして、あなたの名は小羊の命の書に記されるのです。

韓国のＯ牧師

　イエスが亡くなったのは、私の罪を代わりに背負われたからです。十字架にかけられた主に、「私は罪人です。お救いください。天国に行けるようお助けください」と一言だけ言えば、みなさんは生まれます。新たに生まれるのです。

韓国のＫ牧師

「神様、私は罪人です。イエスが私の罪のために亡くなったことを信じます。私をお救いになり、神の子にしてください。イエスの名で祈ります」。この祈りを心から捧げたなら、神の子になったということです。永遠の命を得て、天国に行くことになります。それを聖書では救いといいます。

これらの牧師たちは、前述のように「悔い改め」と「救い」を

同じものとして説明する。改めて言っておこう。

悔い改め＝救い（×）

悔い改め⇒救い（○）

またある牧師は、救われたかどうかは自身の行動の変化からわかるという。しかし、救われた人のなかにも、がっかりさせるような生き方をする人もいるし、救われていない人のなかにも、立派な生き方を示してくれる人もいる。僕が自分の行動を完全に変えたのは2012年だったが、それなら、僕は2012年に救われたとでもいうのだろうか。さらには、救いが取り消されることもあるという人もいるが、救いは行いを通じて受けられるものではないし、過ちを犯したからといって取り消されるものでもない。これについては、次章でさらに詳しく説明しよう。

韓国のＪ牧師

　新たに生まれるとは、女性が子を身ごもるようなものです。それは自身の変化を通じてわかります。罪を犯すことに少しずつ罪悪感が生まれ、生活が正しいものになっていったなら、新たに生まれたということです……。もちろん、流産して自分でも気づかないうちに新しい生命がおなかの中で死んでしまうこともあります。

イエスが生きていた当時、神を最も熱心に信じ、聖書を最もよく知り、誰よりも聖書に従って生きた人たちは律法学者とファリサイ派の人々だ。では、彼らに関するイエスのみことばを見てみよう。

　　　　　律法学者たちとファリサイ派の人々、
　　　　　あなたたち偽善者は不幸だ。
　　　　　人々の前で天の国を閉ざすからだ。
　　　　　自分が入らないばかりか、
　　　　　入ろうとする人をも入らせない。
　　　　　（……）改宗者を一人つくろうとして、
　　　　　海と陸を巡り歩くが、改宗者ができると、
　　　　　自分より倍も悪い地獄の子にしてしまうからだ。
　　　　　　　　　——『マタイによる福音書』23章13、15節

　先ほど紹介した牧師たちの誤った福音を見ると、この聖書の一節が今の時代でも当てはまることがわかるだろう。
　もちろん、これまでの話は福音だけを基準に見た「生命のある教会」の証拠であって、成熟した教会や立派な教会の証拠とはいえない。生命のある教会はすべて、成熟した教会、立派な教会になるために努力すべきだ。生命があったとしても、人が集まらな

ければその生命を伝えることはできないからだ。聖書でいう成熟した教会、立派な教会になるには、どんな努力が必要なのか見てみよう。まず何よりも、一般の人々の目から見て欠陥がないように努力を傾けるべきだ。

あなた自身、良い行いの模範となりなさい。

教えるときには、清廉で品位を保ち、

非難の余地のない健全な言葉を語りなさい。

そうすれば、敵対者は、わたしたちについて

何の悪口も言うことができず、恥じ入るでしょう。

——『テトスへの手紙』2章7〜8節

また、異教徒の間で立派に生活しなさい。

そうすれば、

彼らはあなたがたを悪人呼ばわりしてはいても、

あなたがたの立派な行いをよく見て、

訪れの日に神をあがめるようになります。

主のために、すべて人間の立てた制度に従いなさい。

それが、統治者としての皇帝であろうと、あるいは、

悪を行う者を処罰し、善を行う者をほめるために、

> 皇帝が派遣した総督であろうと、服従しなさい。
>
> ——『ペトロの手紙一』2章12〜14節

　つまり、法をしっかり守り、この社会の一員として模範的な人物になるべきなのだ。キリスト教初期のアンティオキア教会を率いたパウロと彼の弟子たちも、徹底して法を順守したことで、福音をさらに力強く伝えることができた。パウロは一度も法の前に逃げも隠れもせず、つねに堂々と法廷に立って、法を犯したことは一度もないと胸を張れたので、福音を伝えつづけることができたのだ（『使徒言行録』18、19、23、24、25、26章）。もしどこかの教会が法に背いたり、法を無視していたりしたなら、立派な教会の姿とはかけ離れたものになっていただろう。

　僕が関わっている教会「最初の実（Firstfruits）」は、非営利団体として次の原則の下で運営されている。

Firstfruits

1．教える人を含めて、教会で働くすべての人は一切の報酬を受け取らない。

2．教会への献金は教会全体の経費だけにあて、これを管理する会計係をふたり置く。会計は半年ごとに新たに選定する。

3．運営費の内訳をつねに閲覧できるようにし、年に一度、外部

の監査を受ける。

4．運営費はオンラインで自主的に献金し、匿名を原則にする。

　僕を含むすべてのメンバーが報酬をもらわない理由は、使徒パウロがそうしていたからだ。パウロはテントづくりの職人で、その仕事で自身の生活費を賄い、献金にはいっさい手を付けなかったと記録されている。受け取ってもいいが、それが誰かの心に問題を引き起こすのではないかと思い、受け取らなかったと書かれている。だから、僕たちもパウロの志を見習おうと思っている。

　また、パウロが属していたアンティオキア教会には、教える人が複数いたことがわかる。はじめはエルサレムの教会から派遣された使徒バルナバがひとりで教えていたが、のちにパウロとふたりで、さらにその後は何人かで一緒に教えたとされている（『使徒言行録』11、13章）。いくら偉大な聖人であっても、特別扱いを受けてはならない。聖書66巻のうち13巻を著した使徒パウロでさえ、自分は神に見捨てられるかもしれないと言っていたのに、神の前で完全でいられる人間がいるだろうか。

　　　むしろ、自分の体を打ちたたいて服従させます。
　　　　それは、他の人々に宣教しておきながら、
　　　自分の方が失格者になってしまわないためです。

　だから教会も、ひとりの絶対的な牧師や神父がいるよりも、何人かが一緒に聖書を教えるほうがいい。僕たちの教会では、今のところ僕が主に聖書の解説をしているが、できるだけ早く、できるだけ多くの人が、僕と一緒に聖書を教えられるようにするのが目標だ。

救いと行い

16

16. 救いと行い
——救いが取り消される ことが あるのだろうか？

牧師でも神父でも、聖書を教える人はみな、次のふたつのうちどちらかに属する。

救いと行いには関係があるとする「関係主義」
救いと行いには関係がないとする「無関係主義」

　「関係主義」の人は、救われるには行いが必要であり、誤った行いをすれば救いが取り消されることもあるという。一方で、「無関係主義」の人は、救われるにはいかなる行いも不要であり、ただ信仰だけがあればよく、そのため救われた後に罪を犯しても救いは取り消されないという。
　「関係主義」は、子どものころからなじみのある善悪の観念と合

致するため、抵抗感なく受け入れられる。善い行いをたくさんすれば天国に、悪い行いをたくさんすれば地獄に行くという論理は、勧善懲悪や因果応報といった考え方とも一致するからだ。同時に、社会的には「無関係主義」への拒否感も強い。僕自身、「罪を犯しても救いは取り消されない」という言葉には抵抗感があった。ところが、実はこれは誤解だったのだ。「無関係主義」とは、罪を犯してもかまわないという話ではない。罪を犯したことで救いが取り消されることはないが、その代わり神の子として「懲戒」を受けることを恐れながら生きていかなければならないとされている。

> また、子供たちに対するように
>
> あなたがたに話されている
>
> 次の勧告を忘れています。
>
> 「わが子よ、主の鍛錬を軽んじてはいけない。
>
> 主から懲らしめられても、
>
> 力を落としてはいけない。
>
> なぜなら、主は愛する者を鍛え、
>
> 子として受け入れる者を皆、
>
> 鞭打たれるからである。」
>
> ——『ヘブライ人への手紙』12章5〜6節

聖書における罪人の概念は、「罪を犯した人」ではなく、罪人の「血統」をもって生まれた人とされている。

　言い換えると、罪を犯したから罪人になるのではなく、罪人の血統をもって生まれたために、仕方なく罪を犯すことになるというのだ。

わたしは咎のうちに産み落とされ

母がわたしを身ごもったときも

わたしは罪のうちにあったのです。

　　　　　　——『詩編』51編7節

　我々の祖先であるアダムの罪がすべての人間を罪人にしたのと同様、イエスの義なる行いのおかげですべての人間が義人となることができるのだ。つまり、過ちを犯さずとも罪人となったように、正しい行いをせずとも義人になるのである。だから聖書は、救いを「無償の贈り物」と言っている。

（……）一人（アダム）の罪によって

多くの人が死ぬことになったとすれば、なおさら、

神の恵みと一人の人イエス・キリストの

恵みの賜物（free gift）とは、

　　　多くの人に豊かに注がれるのです。

　　　（……）そこで、一人の罪によってすべての人に

　　　有罪の判決が下されたように、

　　　一人の正しい行為によって、

　　　すべての人が義とされて

　　　命を得ることになったのです。

　　　　　　　　——『ローマの信徒への手紙』5章15、18節

　僕は「無関係主義者」のうちでも、かなり徹底した「無関係主義者」だ。「無関係主義」のなかには「無関係だけれども関係ある主義」も含まれているからだ。こういう主義の人は、口では「無関係だ」と言いながら、よく聞くと最終的には「関係ある」と言っている。こういう牧師は意外と多い。ある牧師などは、僕がしつこく問いつめると、「関係ある」と「無関係」が８：２くらいの比率ではないかと言ったほどだ。

　エセ宗派はほとんどが「関係主義」だ。過ちを犯すと天国に行けないと教えておけば、信徒を強力にコントロールできるからだ。その代表例が、中世のカトリック教会の免罪符制度である。中世の教皇庁は献金の重要性を強調し、献金によって免罪符を与えられたら、死んだ人の罪まで赦されると言った。一方、天国に

行いと救い

これであなたがたも分かるように、
人は行いによって
義とされるのであって、
信仰だけによるのでは
ありません。
——『ヤコブの手紙』2章24節

神がわたしたちの父アブラハムを
義とされたのは、息子のイサクを
祭壇の上に献げるという
行いによってではなかったですか。
——『ヤコブの手紙』2章21節

だから、
神の安息にあずかる約束が
まだ続いているのに、
取り残されてしまったと
思われる者が
あなたがたのうちから
出ないように、気をつけましょう。
——『ヘブライ人への手紙』4章1節

もし、わたしたちが真理の知識を
受けた後にも、故意に罪を
犯し続けるとすれば、罪のための
いけにえは、もはや残っていません。
ただ残っているのは、
審判と敵対する者たちを
焼き尽くす激しい火とを、
恐れつつ待つことだけです。
——『ヘブライ人への手紙』10章26〜27節

けれども、人は律法の実行ではなく、
ただイエス・キリストへの
信仰によって義とされると知って
(……) 律法の実行によっては、
だれ一人として
義とされないからです。
——『ガラテヤの信徒への手紙』2章16節

もし、彼が行いによって
義とされたのであれば、
誇ってもよいが、
神の前ではそれはできません。
——『ローマの信徒への手紙』4章2節

だれが神に選ばれた者たちを
訴えるでしょう。
人を義としてくださるのは
神なのです。
だれがわたしたちを罪に
定めることができましょう。
(……) キリスト・イエスが、
神の右に座っていて、わたしたちの
ために執り成してくださるのです。
——『ローマの信徒への手紙』8章33〜34節

わたしは確信しています。
死も、命も、天使も、
支配するものも、現在のものも、
未来のものも (……) わたしたちの
主キリスト・イエスによって
示された神の愛から、わたしたちを
引き離すことはできないのです。
——『ローマの信徒への手紙』8章38〜39節

VS

行くことと行いのあいだには関係がないとする「無関係主義」
は、信徒の行動をコントロールするのが難しいので、エセ宗派を
つくることも難しい。

　ただ、聖書には明らかに「関係主義」を裏付けるような記述も
ある。左の表の比較を見てみよう。表の左側の記述は「関係主
義」のように見えるし、右側の記述は「無関係主義」に見える。

　左の記述と右の記述では、明らかに論理的に矛盾しているよう
に見える。左の記述は「無関係主義者」を困惑させ、右の記述は
「関係主義者」にとって不都合だろう。「無関係主義者」の僕
も、左の記述をどう解釈すべきか苦戦してきたのだが、ついに明
快な答えにたどり着くことができた。その内容については次に出
版する本で詳しく扱う予定だが、まずは下記の点を、聖書を区分
する基準にするといいかもしれない。

　聖書は人間を２種類に分類している。ユダヤ人（割礼者と呼ば
れる）と、ユダヤ人以外のすべての人（異邦人と呼ばれる）だ。
新約聖書の大部分は手紙で構成されているが、上で比較した記述
のうち、左側はペトロ、ヤコブ、ヨハネが書いたものや、ユダヤ
人に宛てて書かれた手紙にあらわれるものであり、右側はパウロ
が異邦人に宛てて書いた手紙のなかの記述なのである。

　　割礼を受けた人々に対する使徒としての任務のために

16. 救いと行い
──救いが取り消さ
れることが
あるのだろうか？

237

> ペトロに働きかけた方は、
>
> 異邦人に対する使徒としての任務のために
>
> わたし（パウロ）にも働きかけられたのです。
>
> また、彼らはわたしに与えられた恵みを認め、
>
> ヤコブとケファ（ペトロ）とヨハネ、
>
> つまり柱と目されるおもだった人たちは、
>
> わたしとバルナバに一致のしるしとして
>
> 右手を差し出しました。
>
> それで、わたしたちは異邦人へ、
>
> 彼らは割礼を受けた人々のところに
>
> 行くことになったのです。
>
> ──『ガラテヤの信徒への手紙』2章8〜9節

　我々は異邦人なのだからパウロが書いた手紙だけを学ぶべきだ、などと言いたいわけではない。聖書の記述が論理的に矛盾するように思われて迷ったときは、聖書で「異邦人の使徒」と呼ばれたパウロの手紙を基準にすればよいということだ。

　パウロの手紙のなかで、行いと救いを結びつけているように誤解される表現があるので、代表的なものについていくつか説明してみたい。

> 肉の業は明らかです。
>
> それは、姦淫、わいせつ、好色、
>
> 偶像礼拝、魔術、敵意、争い、
>
> そねみ、怒り、利己心、不和、
>
> 仲間争い、ねたみ、泥酔、酒宴、
>
> その他このたぐいのものです。
>
> 以前言っておいたように、
>
> ここでも前もって言いますが、
>
> このようなことを行う者は、
>
> 神の国を受け継ぐことはできません。
>
> ──『ガラテヤの信徒への手紙』5章19〜21節

　ここでは人間の肉体に宿る原罪について説明し、こうした原罪をもって罪を犯せば神の国に行けないと言っている。しかしこれは、『コリントの信徒への手紙一』15章50節以降に出てくる内容と結びつけてこそ、正しく理解できる。結論としては、神の国に行くためには、こうした原罪をもつ肉体は別の種類の肉体に変わらなければならず、また、変わるはずだという話であって、罪を犯したら神の国に行けないということではない。

> 正しくない者が神の国を受け継げないことを、

知らないのですか。

思い違いをしてはいけない。

みだらな者、偶像を礼拝する者、姦通する者、

男娼、男色をする者、泥棒、強欲な者、

酒におぼれる者、人を悪く言う者、人の物を奪う者は、

決して神の国を受け継ぐことができません。

あなたがたの中にはそのような者もいました。

しかし、主イエス・キリストの名と

わたしたちの神の霊によって洗われ、

聖なる者とされ、義とされています。

—— 『コリントの信徒への手紙一』6章9～11章

　9節では救われない「不義（Unrighteous）」な者たちについてとりあげ、彼らが犯したさまざまな罪を列挙している。ところが11節では、「しかし（But）」あなたがたは救われて「義とされた（justified）」人なので、彼らのように生きてはならないと説いている。罪を犯したら「不義（Unrighteous）」な者へと身分が変わるという話ではない。つまりは、救われた人に対し、救われない人のように生きるのはやめようと言っているのだ。たとえると、物乞いから王室の養子になり王族になった子どもに対して、「王族になった以上、物乞いのような行動をしてはならない」と

言っているのであって、「物乞いのような行動をしたらまた物乞
いになる」と言っているのではない。

> あなたがたの間では、聖なる者にふさわしく、
>
> みだらなことやいろいろの汚れたこと、
>
> あるいは貪欲なことを口にしてはなりません。
>
> 卑わいな言葉や愚かな話、下品な冗談も
>
> ふさわしいものではありません。
>
> それよりも、感謝を表しなさい。
>
> すべてみだらな者、汚れた者、また貪欲な者、
>
> つまり、偶像礼拝者は、
>
> キリストと神との国を受け継ぐことはできません。
>
> このことをよくわきまえなさい。
>
> むなしい言葉に惑わされてはなりません。
>
> これらの行いのゆえに、
>
> 神の怒りは不従順な者たちに下るのです。
>
> だから、彼らの仲間に
>
> 引き入れられないようにしなさい。
>
> あなたがたは、以前には暗闇でしたが、
>
> 今は主に結ばれて、光となっています。
>
> 光の子として歩みなさい。

　この文では一貫して「あなたがた」と「彼ら」を区別して、比較しながら説明している。文の最後にくると、あらためて「あなたがた」は「光の子（Children of Light）」であり、「彼ら」は「従順でない者（Children of disobedience）」として厳密に分けている。つまり、罪を犯したら身分が変わるというような「身分の変化」について述べているのではないのだ。先の『コリントの信徒への手紙一』6章のみことばのように、あなたがたはいまや神の子として身分も違うのだから、彼らのように行動してはならないと言っているのである。

　その他にも、「救い」という言葉が書かれているというだけの理由で、『フィリピの信徒への手紙』2章12節、『コリントの信徒への手紙』15章2節、『テモテへの手紙一』4章16節などが誤って解釈されることは多い。野球用語の「セーブ（救援）」が天国とはなんの関係もないように、「救い」（Salvation, save）という単語は必ずしも「天国に導かれる」という意味ではない。英語の"save"はもともと「救う」、つまり何かよくないことから守るという意味だが、上に挙げた聖書の3つの文も、前後の流れから見て、暮らしのなかで犯す罪から自分を守るという意味で使われている。

僕と同じく「無関係主義」を信じる牧師のうちには、「関係主義」と読める記述を解釈するために、「救われたら必ず行いに表れる」という論理を主張して、「行いに変化がないのは救われていない人だ」と言う人も多い。だが、これはかなり危険な主張だ。前章でも述べたように、救われた人のなかにも見る者を失望させるような人生を歩む人もいれば、救われていない人のなかにも立派なクリスチャンとして生きている人もいる。パウロとともに福音を伝えた人のうち、俗世が好きで俗世に戻った人もいるとされている（『テモテへの手紙二』4章）。では、こうした人たちは救われていないというのだろうか。パウロは救われていない人々と一緒に福音を伝え歩いたというのか。

　結論を言うと、今の時代を生きている我々異邦人にとって、

救いとは
善い行いをしたからといって得られるものでもなく、
誤った行いをしたからといって取り消されるものでもない。
行いを見て判断することはできないのである。

僕の人生

僕はときどき、集中治療室（ICU）に呼ばれることがある。知り合いから「危篤の家族を天国に行かせてやりたい」と助けを求められるのだ。そんな連絡を受けると僕は聖書を手に病院に駆けつけ、死の床で福音を説くことになる。意識不明になったり亡くなったりしたら、もはや僕にできることはないから、意識のあるうちにと焦りながら、あわてて説明することになる。懸命に福音を説いていると、幸いにも「真実だと信じることができた」と言って救われる場合もあるが、本人の容体が悪すぎて福音を理解できなかったり、最後まで受け入れられなかったりしたまま亡くなることも多い。

　そういうわけで、知り合いのご家族が入院して状態が悪いと聞くと、どうか手遅れになる前に会わせてほしいと僕から言うよう

にしているのだが、切羽詰まってから頼んでくる人が必ずいる。すると、意識がもうろうとしている人に、アダムが禁断の果実を食べた話に始まり、イエスの死と復活までを語らなくてはならなくなる。時間に追われながら全力で声を張り上げていると、喉が痛くなり、体力も消耗する。ひとつの生命をかけた闘いだと思って、最後の最後まで歯を食いしばって必死で祈るが、それでも福音を伝えきれないことが多い。そんなときは後遺症のように、僕は数日にわたって虚脱感と喪失感で落ち込むことになる。

　先日も知人に頼まれて集中治療室に入った。ご家族の方は僕よりも何歳か年下だったが、末期がんで危険な状態にあるという。敬虔なクリスチャンではあるが救われたかどうかわからないので、息を引き取る前にぜひ話をしてやってほしいとのことだった。病室に入ると、親族や友人たちに囲まれて酸素マスクをつけた彼が、明るく微笑んで僕を迎えてくれた。幸い、意識はしっかりしていた。和やかな空気のなか、話題は自然と聖書のことになり、人は死んだらどこに行くのかについて話し合った。対話が深まるにつれ、天国に行く基準について彼が誤解していることがわかった。彼は、イエスを一心に信じながら善きクリスチャンとして生きていれば天国に行けると思っていたのである。だから僕は、天国に行くには罪がひとつもあってはならないと書かれた聖書の一節を見せてあげた。

> 律法全体を守ったとしても、
>
> 一つの点でおちどがあるなら、
>
> すべての点について有罪となるからです。
>
> ──『ヤコブの手紙』2章10節

　すると天使のようだった彼の表情が急に曇って、冷たくこわばってしまった。彼は酸素マスクの中から「ああ……。こんな状況で、そんなことを言われては……。私は生まれながらのクリスチャンなのに……。疲れました」と言うと、これ以上話したくないというように目を閉じてしまった。僕はただ聖書の一節を見せただけだったのだが……。

　彼は、神の前で一点の罪もないという確信がもてなかったため、その一節が恐ろしく感じられたのではないだろうか。しかし、さらに残念だったのは、ふたりきりで話せる場をつくれなかったことだ。同じ部屋にいる家族や友人たちから立派なクリスチャンだと思われているのに、自分が地獄に行くかもしれないと認めるのは簡単なことではない。人はふつう、死を前にすると良心がよみがえるものだが、彼の場合はプライドが良心の邪魔をしてしまったようだ。僕は絶望感に打ちひしがれながら病室を出た。ホテルの部屋までどうやって戻ったのかも覚えていない。ベッド

に寝転がったまま、しばらく何もできなかった。ほどなくして、彼が息を引き取ったという知らせを聞いた。

そういえば、こんなこともあった。テレビ局の楽屋にいたら後輩が遊びに来た。あれこれ雑談しているうちに、後輩は人生の悩みを打ち明けてきた。「せっせと教会に通っているのに、福音のことがよくわからない」と言うのだ。教会に行くと気持ちが落ち着くので通っているものの、実は聖書の内容がよく理解できないのだという。ちょうど僕の聖書セミナーが2週間後にあるので一度来てみないかと誘ってみた。すると後輩は喜んで、セミナーの時間と場所を教えてほしいと言った。

そのとき、別の後輩が僕にあいさつをしに楽屋に入ってきた。先に来ていた後輩が、「ねえ、ジニョン先輩が聖書を教えてくれるって。一緒に行かない？」と誘った。すると、あとから入ってきた後輩の顔が青ざめた。実はあるメディアで、僕が特定の教会に所属して活動していると報じられたことがあった。どうやら彼女はそれを目にしたのだろう（その後、いくつかのメディアから取材を受け、僕のグループがどの教団や宗派にも属さない独立した集まりだということを確認してもらった。その後はどのメディアにもこの手の記事は出ていない）。

ふたりが楽屋を出てから1時間ほどたったころ、メッセージが届いた。「先輩、その日に別の予定があるのを忘れていました。

すみませんが行けそうにありません」。彼女が真剣に聖書の勉強をしたそうだったので、残念でならなかった。いっそ僕に率直に疑問をぶつけてくれれば答えてあげたのに……。僕は伝道のために、自分に着せられた濡れ衣を晴らさねばならないと考えた。

これまでは伝道に失敗してひとりの魂を逃してしまうたび、それが自分の過ちのように思えてつらい気持ちだった。説明がどこか間違っていたのだろうか。それとも強引すぎたのだろうか。そう考えて、ずっと落ち込んでいた。しかし、伝道は僕の言葉によるのではなく、僕の真心、僕の教会のメンバーの真心、そして聞く人の真心を見て、神がなされることなのだ。そのことを忘れず、失敗するたびに自分を責めないようにしようと思う。

天国に行けないかもしれないとは、つまり地獄に行くことを意味する。だから、すべてのクリスチャンの生は、集中治療室の医師のようなものだ。毎日、目の前にいる人を救えるかどうかを考えながら生きる必要がある。伝道に成功し、ひとつの大切な命を天国に導けたときの喜びは、他の何にも代えがたいものだ。次の文章は、この数年間に僕が受け取った何通かの手紙から2通を抜き出したものである。ひとつ目の文章はセミナーに参加した学生からもらったもの。ふたつ目は、以前に僕が証しの文をインターネットにあげたとき、それを読んだある母親が自分の息子さんに書き送った文章で、その息子さんの知り合いが僕に転送してくれたものだ。

Dear Uncle JYP,

I just wanted to write a quick thank you card. I think it is very cool that you dedicate your time to teach people the gospel. This seminar has been so amazing. Before we started, I had so many questions and doubts, but you addressed all of them in the first three days. My heart was opened after that. Even though I have heard the gospel many times before, it hit me differently today (Day 4). Everything became so clear and I am no longer having doubts about the bible. I can now say that Jesus truly died for my sins without any doubt. I am so excited for day 5 and 6. Thank you so much!

　　　　　　　　　　　　-Justin

JYPおじさんへ

　急に感謝の気持ちを伝えたくなって、このはがきを書いています。おじさんが人々に福音を伝えるために自分の時間を捧げている姿は、本当にカッコいいと思います。今回のセミナーは素晴ら

17. 僕の人生
　——何のために
　生きるのか？

251

しいものでした。セミナーを受けるまで、僕は聖書について多く
の疑問や質問をもっていたのですが、最初の3日間でおじさんが
すべてを解決してくれました。そして僕の心は開かれました。

　僕は以前にも何度か福音を聞いたことがありましたが、今日
（4日目）聞いた福音は、これまで聞いたものとまったく違うも
のでした。すべてが明らかになり、聖書に対する疑問が完全に晴
れました。これからはなんの疑いもなく、イエス様は僕の罪を代
わりに背負われて亡くなったのだと言えるでしょう。セミナーの
5日目と6日目も、とても期待しています。本当にありがとうご
ざいます！

——Justin

　お母さんはずっと教会に通っていたけど、やっと悟ることがで
きたよ。

　パク・ジニョンの証しの文を送るから、ぜひ読んでみなさい。
みことばによって新たに生まれた方だそうだよ。

　この方の証しの文を読んだだけでも新たに生まれることができ
そうなくらい。

　お祈りをしながら読んでみてね。

——お母さんより

この６年間、多くの人からこういった感想をいただいた。しか
し、これは僕が立派だからとか、頑張ったからという話ではな
い。神は一人ひとりに仕事を任せるのではなく、教会に仕事を任
せるからだ。人前で聖書を解説するのは僕であっても、場所や食
事、資料を準備し、講演のセッティングをし、讃美歌を歌い、お
祈りをしてくれる兄弟姉妹たちがいるからこそ、こんなことが可
能になるのだ。

> 　信者たちは皆一つになって、（……）
>
> 　毎日ひたすら心を一つにして神殿に参り、
>
> 家ごとに集まってパンを裂き、喜びと真心をもって
>
> 　一緒に食事をし、神を賛美していたので、
>
> 　民衆全体から好意を寄せられた。
>
> 　こうして、主は救われる人々を
>
> 日々仲間に加え一つにされたのである。
>
> 　　　　　——『使徒言行録』2章44〜47節

　こうやって、死ぬまでにひとりでも多くの人を天国に送ること
が、僕が生きていく理由である。僕のように足りないところばか
りで偽善的な人間が、イエスのおかげで分不相応にも天国に行け
ることが、あまりに心苦しく、恥知らずだからだ。だから生きて

いるうちは神のために、できるかぎりのことをしたいと思っている。それをパウロは「果たすべき責任」、つまり「借りがある」と表現し、その借りを他の誰かに対して返すべきだと言った。

> わたしは、ギリシア人にも未開の人にも、
>
> 知恵のある人にもない人にも、
>
> 果たすべき責任があります。
>
> ──『ローマの信徒への手紙』1章14節

　僕はこの借りをできるだけ返してから死にたいと願っている。死ぬまでにやるべきことを羅列した「バケットリスト（Bucket List）」というものをつくる人がいるが、新しい天と新しい地（訳注／人間の堕落が生み出した罪悪と苦痛が存在しない、神による完全な世界）こそ真の世界だと信じる者にとっては、この世で絶対にやっておくべきことはない。新しい天と新しい地には真の快楽と幸福が待っているからだ。だとしたら、僕のバケットリストに書き込まれるべきは、新しい天と新しい地ではできないことのはずだ。それは、たったひとつだけ。他の人たちの生命を救うこと──つまり、ひとりでも多くの人が天国に行けるように手助けをすることだ。僕がバケットリストをつくるとしたら、韓国人、日本人、アメリカ人など、僕が伝道を行うべき各国、各民族の名

を記すことだろう。

　僕はそのためにこの文章を書いている。しかし、本を書くだけでは足りないこともよくわかっている。歌手として、事業家として、家族の長として、尊敬されるに足る姿を示さなければ、誰も僕の本など読んでくれないからだ。僕の人生は、本書を出す前と出した後とに分けられるだろう。これまでの僕の人生がこの本を書くために与えられたものだとすれば、これからの僕の人生は、より多くの人がこの本を読みたがるように生きなくてはならない。

　この世には神のみわざを妨害しようとする力がある。その力は僕が生きているかぎり、弱みを見つけて執拗に誘惑してくるだろう。誘惑に負けて、人々をがっかりさせるような姿を一度でも見せれば、この本は紙くずになってしまう。だから、僕の人生はこれからが重要なのだ。いつか僕がこの世を去ったときに、人々がこの本を読みたいと思ってくれるような生き方ができれば幸いだ。これが僕の生きる理由だ。

1. 健康
体によいものを探すのではなく、
体に悪いものを避けよ

　若いうちは体力はあっても知恵が足りず、
　老いると知恵はあっても体力が足りない。

　つまり、知恵が積み重なるまで体力を維持できれば、人生の後
半に驚くべきことができる。

　この章の最初に言っておこう。ここで僕が語る内容をすべて守
ったとしても、酒の飲みすぎと喫煙の害には勝てない。それがこ
の章のタイトルの意味するところだ。アルコールの過剰摂取とタ
バコの害については周知の事実なので、ここであえて言及はしな
い。しかし、その害は本人だけでなく、二次喫煙、三次喫煙とし

て周囲の人、特に同居の家族や子どもまで巻き込むということをぜひ認識しておいてもらいたい。家の中で喫煙しないとしても害が消えるわけではない。

　また、精神的ストレスも健康を損ねる原因になるので、聖書を通じて心の問題を根本的に解決できればいいと思う。精神科でカウンセリングを受けたり、趣味で気分転換したりすることも意味があるが、根本的な問題の解決法はあなたの人生の答えを見つけること、つまり自分はなぜこの世に生まれ、なんのために生きるのか、そして死んだらどこへ行くのかを知ることにある。僕の身近にも、うつとパニック障害で苦しんでいた人が、聖書で真理を悟ってから完全によくなり、それから何年もたっても治療や薬に頼らず健康に暮らしている例もある。

　それを前提に、ここでは個人的な健康のノウハウについて述べてみたい。僕はふたつの慢性的症状に苦しんできた。ひとつは生まれつきのアレルギー性鼻炎とアトピー性皮膚炎、もうひとつは歌手になってから発症した左脚のしびれだ。どちらの症状も、西洋医学や韓方医学のあらゆる方法を試してみたが、治らなかった。だから運命としてあきらめ、だましだまし付き合ってきた。

　アトピーでかゆみがひどく、常に体をかきむしっていたため、手足の関節周辺の皮膚は変色してしまった。人目につく顔や首はかくわけにはいかないので、いつも手のひらでこすったり叩いた

りしてやりすごした。JYP所属のアーティストたちがテレビに出演して僕のものまねをするときは首筋を叩きながら話すのが定番になったほどだ。顔をこすりすぎて唇の輪郭はぼやけ、眉毛も全部抜けてしまい、3カ月ごとに眉のアートメイクをしなければならなかった。また、慢性鼻炎のせいでいつも鼻水が溜まって鼻呼吸ができず、鼻腔（鼻の奥の空間）をうまく使えなかった。鼻腔は歌うときに最も活躍する部分だが、そこがふさがっていると、口で呼吸しながら歌わなければならない。その結果、いつもあごが上がり、響きの悪い細い声しか出なかった。ずっと口呼吸していたため、喉にもしばしば炎症が起こった。

左脚のしびれは、歌手活動を始めてから本格的に悪化した。お尻の周辺から始まり、脚を伝って、ついには足の裏までしびれるようになった。病院で精密検査をしても原因がわからず、患部に消炎鎮痛剤を注射するくらいしか対策はなかった。夜には足がつって眠れない日も多かった。

ところが聖書の勉強を始めてから、僕の体に大きな変化が現れた。まず変わったのは、体を見る観点だ。なかでも最も大きく変化したのは、生命というものに対する認識である。医者や薬剤師、生物学者といった人たちは、生命の現象について語っても、「生命とは何か」についてはほとんど語ろうとしない。生命を漠然とした抽象的概念としか考えていないからだ。しかし聖書を通

じて僕が気づいたことは、生命は人間の体内に実在しており、肉体がうまく維持されて成長できるように、体全体をコントロールしているということだ。

　そのことを悟ってから、僕は健康管理の考え方を完全に変えた。体によいことをするのではなく、自分の体内にある生命が本来の能力を発揮できるようにすることが重要だ、と。つまり本章のタイトルのように、体によいものを探し回るのではなく、体によくないものを避けることが健康管理の最大のポイントなのだ。

　かつて僕が頼っていたアトピーと鼻炎の治療法は、ステロイドと抗ヒスタミン剤だった。これらは生命力の回復とは関係なく、体の反応を鈍感にして症状を緩和させる方法だ。これらの病気は「自己免疫疾患」と呼ばれる。簡単に言うと、本来なら敵を攻撃すべき白血球が味方を攻撃してしまっている状態だ。そこで僕が新しく試した治療法は、血をきれいにすることだった。汚染された水の中では魚が生きていけないように、汚染された血の中では白血球が本来の機能を果たせないと考えたのだ。

　だから僕は、神から授かった食べ物ではない農薬、抗生剤、防腐剤、ホルモン剤、重金属、環境ホルモン、化学調味料、遺伝子組換え食品（GMO）などは避け、インスタント食品、スナック菓子、炭酸飲料なども口にしなくなった。これが僕にとってのオーガニックフードの考え方だ。

また、食べ物以外でも肌に触れるものはすべて血液に影響を及ぼすため、化粧品、石鹸、歯磨き粉、洗濯用洗剤、台所用洗剤などもオーガニック製品だけを使うようにした。その結果、2カ月で驚きの結果が現れた。

　長く苦しんできた肌のかゆみが消え、顔をこすることもなくなったため、唇の輪郭も眉毛も正常に戻ったのだ。いちばんびっくりしたのは、初めて鼻呼吸ができるようになったことだ。ある日、うたた寝をしていると、自分が鼻で息をしていることに気づき、驚いて目が覚めた。生まれて初めて感じる爽快感に、まるで脳に新鮮な空気が染み込んでいくようだった。この日を境に、僕は鼻腔を使った歌唱法で歌えるようになり、それまでよりはるかに豊かな歌声を出せるようになった。ファーストアルバムに収録された「君の後ろで（Behind you）」を歌っていたときと、現在の「FEVER」の僕の声を聴き比べてみると、劇的な変化が感じられるだろう。

　脚のしびれについては、人間本来の骨格について勉強するなかでその原因を突き止めた。中学校時代にバスケットボールで左足首を骨折したことがある。そのために歩き方が変わり、骨盤が右下の方向にねじれてしまった。そこで骨格を本来あるべき位置に戻すために姿勢矯正エクササイズを始め、骨盤まわりの筋肉を鍛えて正しい位置に整えた。すると、脚のしびれはさっぱり消えて

なくなった。

　結局、どちらの疾患も神から賜った体の機能に問題が生じたことが原因だったので、問題の要素を取り除いて本来の機能を回復させてやったら症状が消えたわけだ。さらに、以前は年に３、４回は引いていた風邪さえもかかりづらくなった。かかっても１日くらい喉や鼻など局所的に軽い症状が出る程度で、仕事を休まなければならないほどのひどい風邪は2012年９月が最後だった。以下の原則を守るようになってからは、一度も風邪で寝込んだことはない。

　大事なのは、自分の内部にある生命が本来の機能を発揮できるようにすることだ。生命の機能は大きく「摂取」、「循環」、「排出」に分けて説明できる。この３つがうまく機能を発揮できるように、僕が守っている15の原則は次の通りだ（ただし個人の健康状態によって症状の現れ方が違うので、以下の内容を鵜呑みにするのではなく、必ず医師と相談してほしい）。

摂　取

　何かを食べるということは、体を構成している35兆個の細胞が食べ物を摂取するということだ。これらの細胞は血液を通じて伝達された栄養分を取り込むため、血液に食べ物以外のものが入

らないように気をつけなければならない。これがオーガニック食品を選ぶべき理由である。ただ注意すべき点は、「有機」、「エコ」、「無農薬」、「天然成分」などの表示がそれぞれ別の意味をもち、異なった基準が適用されているということだ。このなかで「有機」が最も厳しい基準を要するため、できれば有機食品の認証マークが付いたものを選ぶといい。

　もちろんこのような食品は比較的高価で、経済的に負担になるのも確かだ。しかし、病気で仕事を休んだときのことや、医療費や薬代を考えれば決して惜しい投資ではないだろう。実際に僕の場合、アトピー治療に使った費用よりもオーガニック製品の購入にかかった費用のほうがよほど少ない。特に最近ではリーズナブルな価格のオーガニック製品も多く販売されている。

1）食べ物

　僕は主に有機農の認定を受けた食材でつくったものを食べる一方、農薬、防腐剤、ホルモン剤、化学薬品、および化学調味料（MSG）や遺伝子組換え食品（GMO）などを避けるようにしている。さらにプラスチック製の食器、PP（ラミネート）加工された紙、アルマイト鍋などの調理器具も使わない。

　プラスチックは農薬と同じく石油由来の化学製品であるた

め、人間にとって致命的な毒素を含んでいる。とりわけプラスチックから出る環境ホルモンは、人体のホルモンと似ているため、ホルモンの作用をかき乱してしまう。ホルモンは血液に乗って人体のあちこちを巡りながら、体だけでなく脳を通じて精神にまで多大な影響を及ぼすため、環境ホルモンのようにホルモンの働きに悪影響を与える物質は避けたほうがいい。

アルマイト製の調理器具や食器は、コーティングが少しでも剥げるとアルミニウムなどの金属が溶け出して、認知症などの疾患の原因となる。そのため、僕はアルマイト製の食器類は使用せず、主に鋳鉄など有害物質を排出しない調理器具や食器を使っている。アルミホイルで焼き物をつくって食べることも絶対ない。

一般に使われる食用油のほとんどが、原料に熱を加えて脂肪分を溶かし出してつくったものだ。そのような製法では、脂肪のよい成分が破壊されて悪い成分が生成される恐れがあるため、僕は必ず熱を加えずに抽出したコールドプレス（低温搾油）製法の商品を選んでいる。また、毎朝の空腹時に良質なオイルを何種類か選んでたっぷり飲むようにしている。なぜかというと、人体の35兆個の細胞の細胞壁が油成分からつくられているからだ。油については頭から悪者扱いする

人が多いが、油にもよい油と悪い油がある。良質な油はしっかり摂取したほうがいい。

　味付けには化学調味料をいっさい使わず、オーガニックの材料だけを使用する。塩もヒマラヤ岩塩のように、地球が汚染される以前に結晶化した岩塩を使っている。

　僕は毎朝、ご飯やパンの代わりに必要な栄養素を摂取し、昼食はオーガニック食材を使った料理なら、食べたいものを好きなだけ食べている。また、間欠的ファスティング（プチ断食）をしているため、夕食は抜く日が多い。やむをえず外食しなければならない場合は、天然の材料を使っているレストランを選ぶようにしている。

2）断食

　断食の効果に関する医学的論争はまだ終わっていないが、聖書によれば多くの偉人が神の前で断食をしている。彼らが神の前で体に有害なことをするはずはないので、聖書を信じている僕は安心して断食を実行している。

　自分に合った断食の方法をうまく選ぶ必要があるが、僕の場合、１日のうち４時間で栄養分を摂取した後、残りの20時間はカロリーを摂取しないという方法で、それを週３日ほど実行している。

　断食を勧める医師によると、その主な効果は体のバランスを保ち、脳の活動を活性化させることにあるという。僕の個人的経験では、断食するたびに確実に体が軽くなり、頭もすっきりする。

3）水

　僕は海洋深層水（深海から汲み上げた水から塩分を除去したもの）を飲んでいるが、それには３つの理由がある。地表から遠いので汚染物質の影響を受けにくく、一年を通して水温が低いので細菌などが繁殖しづらい。また、高い水圧のおかげでミネラルの含有量が一般のミネラルウォーターよりはるかに高いからだ。

4）化粧品、石鹸、洗剤

　口に入れるものだけでなく、皮膚に触れるものもすべてが血液に入っていく。ニコチンパッチはその代表例だ。腕に貼るだけでニコチン成分が血液に吸収され、喫煙欲求を抑える仕組みだ。だから僕は、皮膚に触れる製品もすべてオーガニックか、オーガニック素材を多く含んだものを使っている。化粧品、歯磨き粉、石鹸、シャンプー、台所用洗剤、洗濯洗剤、柔軟剤などもすべてオーガニック製品を使用し、さらにできるだけ水洗い可能な服を選んで、ドライクリーニングには出さないようにしている。服や枕、布団などもオーガニック素材か天然素材のものを使っている。

　また、鼻から入ってくる匂いもすべて血液中に送られるため、人工の香り、特に香水などはいっさい使用しない。

5）ヘアスタイル

　僕はヘアデザイナーと協力して、ジェルやスプレーなどをつけなくてもスタイリッシュに見えるヘアスタイルを研究している。スタイリング剤もすべて毛穴から血液に入るからだ。だから僕は、放送やイベントのある日を除き、髪には何もつけない。これを僕はオーガニックヘアと呼んでいる。

循　環

　体内に入るものに神経を使って血液をきれいにしても、その血液が全身の隅々まで行き渡らなければなんの効果もない。だから循環が重要となる。そして循環をよくするためには運動が必要だ。

6）ウォームアップ

　毛細血管の太さは髪の毛の10分の1ほどしかない。その細い血管の壁にある微小な穴だけを通して、全身の細胞は養分を補給されている。ところが、この毛細血管に自然に血液が行き届くわけではない。毛細血管まで血液が回るには、その周辺でエネルギーが消費されなければならないが、それには全身を隅々まで活性化する必要がある。そのためにウォームアップをして、全身の関節をくまなく動かすのだ。僕は毎日10分ほどかけてウォームアップをしている。

7）ストレッチ

　ウォームアップが終わったら、1時間ほどかけてストレッチを行う。ストレッチをするのは筋肉の凝りを予防し、固ま

った筋肉をほぐすためだ。30分で合計45種の動作をこなした後、まだほぐれていない筋肉があればフォームローラーやマッサージボールの上にのって体重をかけて解きほぐす。

8）姿勢矯正エクササイズ

僕は長いこと骨盤が右下方向にねじれた状態で生きてきた。だから、少しでも矯正エクササイズをさぼると、左足がお尻のあたりから足の裏まで突っ張り、右の腰の筋肉が固まって肩にまで痛みが走る。そこで毎日の矯正エクササイズを通じて骨盤を整えるとともに周囲の筋肉を強化して、正しい姿勢をできるだけ維持するよう努めている。

姿勢の矯正が重要な理由は、脊髄や骨盤が歪んだ状態でエクササイズを続けると、その悪い姿勢がそのまま固定したりさらに悪化したりして、ついには筋肉と関節に問題が起きることにある。それをエクササイズで正さずに、矯正治療・矯正器具・矯正用の靴といった外部の力に頼るのは望ましくない。これらの器具を外したらまた歪んでしまうからだ。だから、自分の姿勢の問題点を確認したら、あとは矯正ストレッチによって自分の筋肉を使って姿勢を矯正する能力を伸ばすといい。

僕は30分ほど姿勢矯正エクササイズをしてから筋力トレ

ーニングを行う。その際には器具に座った姿勢ではなく、立ったまま自分の体重やフリーウエイトを利用して、重心をキープしながら筋トレをする。このとき僕は、自分の重心の位

置がよくわかるよう5本指のソックスとシューズを履くことにしている。足指が独立して動くと、重心を感知でき、バランスを取りやすい。だから僕は外出時も靴の中は5本指ソックスだ。

　自分の姿勢をより効果的に理解するため、僕は最近、奮発して人体骨格模型を購入した（前ページの写真参照）。姿勢を矯正したことでバランス感覚がかなりよくなり、ダンスでも非常に役立っている。

9）有酸素運動

　血液を体の隅々まで行きわたらせるには、心臓のポンプ機能をうまく働かせなければならない。心臓は筋肉でできているため、その機能を維持するには運動が必要だ。息が上がる程度の運動を最低でも週2回、毎回40分以上はこなすべきだ。トレッドミルや自転車のように体を一定方向にだけ動かすものよりは、ダンス、バスケットボール、サッカーのように多様な動きをする運動のほうがいい。なかでもダンスがお勧めだ。ダンスの動作は体の左右をバランスよく使うから、体の片方を多く使う球技より姿勢の乱れが少ないからだ。

10）リズム

就寝、起床、食事、運動をできるだけ規則的に同じ時刻に行うようにすると、体がパターンを覚えてくれる。そうすると、人間の体ははるかに優れた能力を発揮できようになる。逆に海外旅行で時差のある地域に行くと、消化不良や便秘などに苦しむのを見れば、体のリズムの重要性がわかるだろう。

11）保温

　毛細血管の中を血液が流れるスピードは温度に敏感だ。夏の暑い時期を除き、いつも全身を暖かく保たなければならない。首と足首にも重要な血管があり、タートルネックと暖かい靴下は必須アイテム。特に睡眠時には体温が下がるので、全身を優しく包むコットンの肌着とマフラー、足首を締め付けないナイトソックスを着用して寝ることを勧める。もちろん、オーガニック素材のものならさらによい。

12）抗酸化

　細胞は血液中の有機物と酸素を結合させる燃焼反応によって必要なエネルギーを生み出しているが、その過程で発生する活性酸素が老化の主な原因となる。この活性酸素をできるだけ早く体から排出するといい。だから僕は抗酸化作用に優れた植物性栄養素を豊富に含んだ緑茶、ノニジュース、アサイーベリーなどを毎日摂っている。また、植物性栄養素を摂取するため、旬のさまざまな野菜と果物を欠かさない。なかでも緑茶はお勧めだ。緑茶に含まれているデアニンとカテキンには抗酸化、抗炎症、抗がん作用があるといわれている。最近のように種々のウイルスが拡散している時代には、免疫力を高めるのに大いに役立つだろう。ただ利尿作用が高いために脱水症状を起こすこともあるという研究結果もあるので、あわせて水も飲んだほうがいい。

13）免疫

　健康な大腸と免疫の間には深い関係がある。だから大腸のコンディションを良好に維持することが重要だ。そのために

は腸内の悪玉菌のエサとなる砂糖などはなるべく避け、善玉菌を助けるヨーグルト類をこまめに食べるといい。僕は毎朝、ヨーグルト、プロバイオティクス、ケフィアを一緒に食べている。

便秘になりがちな人はぜひ改善すべきだ。大腸も筋肉でできているので、大腸を鍛える運動を毎日行い、雑穀、野菜、果物などの食物性繊維を多く摂取して、大腸の運動能力を強化すること。また、食事時間を規則正しくし、ゆっくりとよく嚙んで食べる習慣をつけることも重要である。

14) 完璧な熟睡

僕は睡眠時に、光と音をできるだけシャットアウトするようにしている。人間の体はわずかな光や音にも反応するため、深い睡眠の妨げになるからだ。深い睡眠は免疫力を増強させる重要な効果を持つ。だから僕の寝室には、わずかな明かりも入らないよう、窓枠などに黒い遮光テープが貼ってある。

15) 湿度

乾燥は免疫力を低下させるため、夏以外は常に加湿器を使って湿度を調節している。加湿器はタンクに細菌が繁殖しな

いタイプのものを選ぶこと。

　現在、僕は48歳だが、20代のころより体の調子がいい。昨年末（訳注／2019年）のコンサートに来てくれた人たちは、僕の体力に目をみはり、どうやって健康を管理しているのかと質問してきた。今の僕の目標は、60歳の還暦に最高のダンスと歌を披露することだ。もちろんこれまで応援してくれたファンへの恩返しのためだが、もうひとつの理由は、健康を通して福音を伝えることにある。近ごろは健康に関心をもつ人がますます増えているので、僕が60歳までベストの体調を維持できれば、多くの人がそのノウハウを知りたがることだろう。僕の健康の秘訣には聖書から得た知恵が多いので、健康の話から始まって自然と聖書について語る機会が生まれるに違いない。

だから、

あなたがたは食べるにしろ飲むにしろ、

何をするにしても、

すべて神の栄光を現すためにしなさい。

——『コリントの信徒への手紙一』10章31節

2. 音楽
ハートから始めて、頭で完成させよ

　JYPエンターテインメントのすべてのミュージシャンとアーティストは、小冊子を1冊ずつ持っている。それは創作に関する僕のノウハウをまとめたもので、タイトルは『ハートから始めて、頭で完成させよ!』だ。

JYP Publishing
Song Camp #1

작사, 작곡의 기본

"가슴으로 시작해서 머리로 완성하라!"

作詞・作曲の基本
「ハートから始めて、頭で完成させよ!」

JYPエンターテインメント
のすべてのミュージシャン
とアーティストは、小冊子
を1冊ずつ持っている。

JYP Ways

277

ハートから始めよ

　創作作業はモチーフがあるときにだけ行え、という意味だ。胸を躍らせる何か、ときめかせる何か。モチーフは1行の歌詞かもしれないし、1個の単語かもしれない。それとも、あるリズムやメロディー、コード進行、楽器の音、ダンスかもしれない。

　人間にはハートで感じたモチーフを永遠に残したいという欲求がある。時間の奴隷として生きる人間の有限性を悲しみ、永遠なるものを求めるから、ある瞬間にふと感じたその感情を永遠に残したがるのだ。その結果として生まれたのが芸術ではないだろうか。

> 神はすべてを時宜にかなうように造り、
>
> また、永遠を思う心を人に与えられる。（……）
>
> ——『コヘレトの言葉』3章11節

　感情とか感覚というものはたしかに人の目には見えない部分で起こる現象だが、これを目に見える作品としてつくりあげることで、見えなかった部分が見えるようになる。誰かに「芸術とは何か」と聞かれたら、僕はこう答えるだろう。

芸術とは、人間が見ることのできない部分を見えるようにすることだ。

だから、ハートで感じたモチーフがなく、計算と分析だけでつくった作品には芸術的価値がない。創作者にとっても、作品をつくっていても創作の喜びを見出せないだろう。芸術家が芸術を職業として選んだ理由は、その仕事をすることで幸せを感じるからではないだろうか。ところが、そこから幸せが抜けてしまったら、芸術家の仕事は他の職業と変わらない、単なる「仕事」になってしまう。

これまでに僕がつくってきたヒット曲は、ほとんど明確なモチーフが土台になっている。創作をするすべての人に伝えたいのは、モチーフなしで作業に臨むくらいなら、いっそ映画を見たり、本を読んだり、音楽を聴いたり、友達と会ったりしたほうがいいということだ。

頭で完成させよ

いくらハートで感じた確固たるモチーフとともに創作を始めても、ある時点まで来たら頭で判断する必要がある。例えばモチーフでメロディーをつくったとしたら、その次はトレンド分析をもとに、そのメロディーにどんなリズム、どんな楽器、どんな歌詞

芸術とは、

人間が見ることのできない部分を

見えるようにすることだ。

をのせるかを考え、頭で完成させていく。ここでいうところのトレンドとは、大衆のトレンドと自分のトレンドを意味する。

「大衆のトレンドを分析する」とは大衆の好みの変化を読み取ることであり、「自分のトレンドを分析する」とは自分が最近書いてきたリズム、コード、メロディー、歌詞の傾向を確認することだ。モチーフというのはハートで感じるものなので、そこには一定の傾向がある。長く創作活動をしていると、どんな人でも繰り返し使うお気に入りのトレンドがあることに気づくだろう。最初はそのトレンドが自分の「色」になるが、時間がたつとともにそれが自分の「限界」になってしまう。

　頭による分析は、創作を持続するうえで決定的な役割を果たすが、この分析を可能にするのが理論的裏付けだ。どんな分野においても、理論を知らないまま優れた作品を生み出す創作者がいるのは確かだが、特別なケースを除けば長続きはしない。なぜなら理論を知らなくては、時代のトレンドと自分のトレンドを緻密に分析できないからだ。理論とは、分析に必要なメガネのようなものだ。理論のメガネをかけて見ると、すべての作品が数字と記号に変わる。このような過程を経てこそ、数字と記号からパターンを見つけることができる。いったんパターンを見つけたら、そのパターンを追いかけることも避けることも可能になるのだ。

　大学２年生で音楽の道に進むことを決心した僕は、まず音楽理

論の勉強を始めた。自分の好きな曲が理論的にどう組み立てられているのか興味があったし、自分がつくる曲が理論的にどんな構造をもっているのか知りたかったからだ。

ファーストアルバムの1曲目「Don't leave me」ではセカンダリードミナントコード、「君に聞きたい」では4度の転調、セカンドアルバム収録の「Proposal Song（プロポーズ・ソング）」ではパッシングコード（経過和音）、サードアルバムに入っている「She was pretty」では代理コード、4枚目のアルバムのタイトル曲「Honey」ではブルース・スケール（ブルース音階）を使った。理論を学んできたからこそ、自分自身を変化させ、発展させることができたのだ。

僕はフィーリングだけに頼って作業をしている周りのミュージシャンに、理論も合わせて勉強した方がいいといつもアドバイスしてきたが、耳を傾けてくれる人は多くなかった。驚くべき天才もいたが、いずれもヒット作曲家としての寿命は10年を超えることはなかった。理由はひとつ。自分だけの「色」が、いつしか自分の「限界」になってしまったからだ。

創作者が頭で作品を完成させる段階で考えるべき2点のポイントは、次の通りだ。

一、新しいテーマを扱うべし。陳腐なテーマであれば新しく表

現せよ。

　僕のケースでいうと、「Elevator」ではエレベーター内での愛の営み（？）を、「成人式」では20歳の大人になる女性の変身を、「I have a girlfriend（僕には彼女がいるのに）」では不倫への誘惑を扱った。3曲とも韓国では初めて扱われたテーマだった。

　一方、すでに他の歌手たちが歌い尽くしたようなテーマを取り上げるときは、表現方法を新しくするように努めた。「お母さんへ」では韓国人のソウルフードであるチャジャン麺を取り入れ、「太陽を避ける方法」では照りつける太陽を利用し、「12月32日」では32日という新しい表現を用いた。いずれもありふれたテーマではあったが、それを新しい方法で表現したため、聞く人に新鮮な印象を与えることができたのだ。

二、創作の過程で手を抜いてはならない。

　集中力を切らすなという意味だ。創作が8割がた完成したところで、残りの2割は適当にざっと仕上げてしまう場合がある。だが、歌詞のワンフレーズ、メロディーの1音にも最後まで意味をもたせ、テーマから外れないようにすべきだ。歌詞のワンフレーズ、メロディーの1音で結果が左右されることはないかもしれないが、洋服の仕立て職人がボタンを選ぶのと同じと考えよう。ワ

ハートから始めて

ハートで完成させる人は、

大ヒットを飛ばせるかもしれないが、

長続きは難しい。

頭から始めて

頭で完成させる人は、

長続きするかもしれないが、

大ヒットは難しい。

ハートから始めて頭で完成させよ。

ンシーズンだけのヒット曲ではなく、10年、20年と時が過ぎて
もみんなが口ずさんでくれる歌をつくろうとするなら、ディテー
ルに細心の注意を払うべきだ。

　**ハートから始めてハートで完成させる人は、大ヒットを飛ばせ
るかもしれないが、長続きは難しい。**

　**頭から始めて頭で完成させる人は、長続きするかもしれない
が、大ヒットは難しい。**

　ハートから始めて頭で完成させよ。

3. ビジネス
経済共同体ではなく価値共同体

　1997年に初めて会社を立ちあげ、仕事の仲間がひとりふたり
と増えるにつれ、僕は会社とはなんなのかを考えるようになっ
た。新しい仲間が増え、あるいは同僚が去っていくのを見るにつ
け、そんな疑問はより深まっていった。契約期間の終わった所属
アーティストが成長して独立していく姿を見るのはうれしかった
が、もっと一緒に働きたかった同僚が去っていくときは、実に残
念で胸が痛んだ。どうすればずっと同じ道を歩んでいけるのか。
どうすれば一緒に楽しく働けるのか。愛する人ができると永遠を
夢見るように、僕は同僚たちとの永遠を夢見た。そして、何が僕
たちをひとつに結束してくれるのかを考えた。
　お金はどうだろう？　会社とは利益を追求する集団であり、そ

のなかにいる個人も自分の利益を追求する。ならば、僕たちは利害関係を共有する経済共同体なのだろうか。しかし、それが会社というものだとしたら、他の会社がもっといい給料を払えば、みんなそちらに行ってしまうのではないだろうか。お金でも利益でもなく、それ以上の何かがないものだろうか。

そんなとき、ふと頭に浮かんだのが「価値」である。会社を「経済共同体」ではなく「価値共同体」にすることはできないだろうか──。僕は「価値共同体」という夢を見るようになり、現実的かつ仲間をしっかり結びつけてくれる強力な価値を探しはじめた。ただ、その価値に嘘があってはならないので、実際に僕がこれまでの人生のなかで追求してきたものがなんなのか、考えてみた。幸い、ひとつの言葉が思い浮かんだ。それは「Leader（リーダー）」だった。子どものころからの僕のいちばんの夢は何か？　愛する人から愛され、認められることだ。残りのことはすべて、その夢を叶えるための手段にすぎない。両親から、友達から、好きな女性から愛され、認めてもらうこと、それが僕を幸せにしてくれると信じてきたからだ。それを会社に適用してみたらどうだろう。業界で、さらには社会で愛され、尊敬される会社になれば、みんなが幸せになれるのではないだろうか。

そこで僕は「Leader in Entertainment（エンターテインメント界のリーダー）」というスローガンを考え、これを会社のロゴ

の下に表記しはじめた。

JYP LEADER IN ENTERTAINMENT

　それをただの掛け声に終わらせることなく、実際の経営に当てはめ、会社の仲間や所属アーティストたちとも共有したかった。そのために真っ先にすべきことは「Leader」という言葉を定義することだった。「Leader」の資格とはなんだろう？　考えに考えた末、リーダーが備えるべき8つの条件を決めた。

JYPE Vision
'Leader in Entertainment'

1. リーダーは清廉である。
2. リーダーは尊敬される。
3. リーダーは研究する。
4. リーダーは変化する。
5. リーダーは傾聴する。
6. リーダーは率先して行動する。
7. リーダーは組織の一員として働く。
8. リーダーは大きな夢をもつ。

業界で、さらには社会で愛され、尊敬される会社になれば、みんなが幸せになれるのではないだろうか。

そして、それぞれの条件を実現させるための具体案を練り上げ、『J-Ways』という冊子にまとめた。

　そこには、僕たちの会社が何を目指していて、その目標達成のためにどんなスタイルで仕事をしているのかが詳しく説明されている。それがこの24年間にわたる僕たちの考え方と行動の土台となり、意思決定の民主化、社内での肩書き使用禁止、フレックス制導入、政府推奨の芸能人向け契約書導入、ルームサロン（ホステス付き個室クラブ）への出入り禁止、インターンのコネ採用の禁止、環境に配慮したオフィスづくり、オーガニック食材を使った社内食堂といった成果をあげることができた。

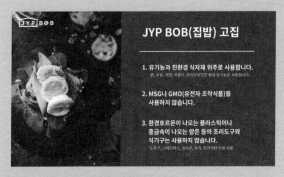

JYP BOB（お家ごはん）のこだわり

1.オーガニックでエコな食材を主に使っています。
　　──米・牛乳・卵・食用油・オリーブオイルは常にオーガニック製品を使用します。

2.MSGやGMOは使用していません。

3.環境ホルモンが含まれているプラスチックや、重金属が溶出するアルマイトなどの調理器具や食器は使用しません。
　　──陶器・ステンレス・シリコン・ガラス・トライタン素材のものを使っています。

もちろん、このような原則で会社を運営してみると苦労も多かった。特にルームサロンのような女性の接待をともなう店への出入りを禁止したので、人脈づくりや異業種交流などの活動に大きな制約が課せられることになった。それでも僕は経営スタッフに対して、「会社が傾いてもいいから自分たちの原則を守ろう」とはっぱをかけた。のちに聖書を勉強してわかったことだが、聖書にも「人脈に頼るな」という意味の言葉があるのを知ることで、この原則をより確固たるものにすることができた。

君侯（くんこう）に依り頼んではならない。

人間には救う力はない。

——『詩編』146編3節

主はこう言われる。

呪われよ、人間に信頼し、

肉なる者を頼みとし

その心が主を離れ去っている人は。

——『エレミヤ書』17章5節

　聖書では、神ではなく力のある人間に頼ろうとする者は罰を受ける（『エゼキエル書』17章）。しかし、聖書の話は脇に置くと

しても、少し考えればわかることだ。高い地位にいる人がずっとそのポストにいる保証はない。さらに根本的な問題は、そういう人たちも結局は自分自身の利益のほうが大切なので、いつでも背を向ける可能性があるという点だ。だから、僕は同僚たちにこう言い含めた。「人脈を築く暇があるなら、その時間にもっと働こう」「偉い人に会う代わりに、自分たちが偉い人になろう」。

また、社内に社会還元事業の専門部署をつくった。難病の子らの手術費用支援、彼らの夢を叶える費用の支援、環境保護運動支援という3つの還元事業を本格的に始め、年々その割合を増やしつつあるところだ。会社からの拠出に加え、社員や所属アーティスト、さらにはファンたちも協力してくれるので、今後はもっと多くの愛を分かち合うことができると期待している。

「Leader in Entertainment」というスローガンは、聖書の勉強をする前に決めたものであるにもかかわらず、クリスチャンになった今の僕の考えにぴったり合っている。会社の同僚や所属アーティストたちが僕のように「福音を広めること」を人生の目標としているわけではないにせよ、ひとりひとりが伝えたいことを伝えられるような影響力のある人間になろうという意味だからだ。僕が考えている成功とは、性能のいい「拡声器」を持つことだが、その拡声器を使って伝えたいことがなければ、成功してもむなしいばかり。だから成功のために生きるのではなく、成功した

後に伝えたいメッセージのために生きることが重要である。

　しかし、どんなに素晴らしいスローガンやキャッチフレーズをつくっても、会社のトップが率先して手本を示し、私生活でも健全で道徳的な姿を見せるようにならなければ、空虚な言葉遊びになってしまう。企業のオーナーの実生活は、周りの人を通じて最終的には全社員に知られてしまうので、そうなったら誰もスローガンを信じなくなるだろう。僕自身、聖書を勉強するまでは決して褒められた人生を送ってきたわけではない。しかし聖書を学ぶことで自分が生きている理由と人生の目標を明確に知ってからは、比較的正しく健全な生き方ができるようになったし、神の愛のおかげで周りの人々と温かい心を分かち合えるようにもなった。社内にそうした企業文化がしっかり根付きはじめたのは、そのころからだ。

　この地道に築き上げた社内文化があるため、僕は企業間の買収・合併にも慎重になった。それが経済的な利益につながるとしても、わが社の企業文化にどんな影響を及ぼすかを考える必要があるからだ。価値を共有できない人たちと一緒に働くと、これまで大切にしてきた価値が損なわれてしまう恐れもあり、そうなると会社が「価値共同体」から「経済共同体」になってしまうかもしれない。

　わが社にはまだ至らない点も多く、業界の真のリーダーになる

にはさらに成長しなければならない。しかし、わが社の現在の位置がどうかということよりも、僕たちの進む道、僕たちの追求する目的が、ともに働く仲間をひとつに束ねてくれることを切に願っている。そしてこの道を末永く一緒に歩んでいけたらと思う。

　会社のことを「法人」という。つまり会社は法的に「人」であるという意味だ。35兆個の細胞が集まってひとりの人間をつくりあげるように、数多くのメンバーがひとつの法人をつくりあげる。人体の中で35兆個の細胞をひとつに結びつけているのが血液ならば、法人の全メンバーをひとつにまとめあげる「血液」はいったいなんだろうか？　その血液がお金であれば、その組織は経済共同体であり、その血液が価値であれば価値共同体だといえるだろう。会社の経営者、これから起業を目指す人はみな、そんなことを一度は考えてみてほしい。

**　あなたの法人の中を流れる「血液」はなんですか？**

4. Christian Life

　クリスチャンがクリスチャンらしい人生を送るにはどうすれば
いいのだろうか？　僕が聖書のなかから探した原則は次のふたつ
だ。

(1) 優先順位

だから、

『何を食べようか』『何を飲もうか』『何を着ようか』

と言って、思い悩むな。それはみな、

異邦人（神を信じない人たち）が

切に求めているものだ。

> あなたがたの天の父（神）は、
>
> これらのものがみなあなたがたに
>
> 必要なことをご存じである。
>
> 何よりもまず、神の国と神の義を求めなさい。
>
> そうすれば、これらのものはみな
>
> 加えて与えられる。
>
> ──『マタイによる福音書』6章31〜33節

　このみことばは、まず「神の国」と「神の義」を求めさえすれば、この世の残りのことは万事、神がやってくださるという意味だ。では「神の国」と「神の義」を求めるとはどういうことだろうか。結論からいうと、それは教会が完成されるように努めることだ。聖書は新たに生まれた人々全体を指して教会と称し、この教会が「神の国」であり、「神の義」が実現する場だという。

> ファリサイ派の人々が、
>
> 神の国はいつ来るのかと尋ねたので、
>
> イエスは答えて言われた。
>
> 「神の国は、見える形では来ない。
>
> 『ここにある』『あそこにある』
>
> と言えるものでもない。

実に、神の国はあなたがたの間にあるのだ。」

——『ルカによる福音書』17章20 ～ 21節

　この「神の国」、すなわち教会を「キリストの体」とも言い、イエスを「頭」、教会を「体」にたとえ、この「体」ができあがることを教会の完成と言う。この「キリストの体」を完成させるためには「交わり」と「伝道」が必要だ。教会のなかでキリスト者たちがともに学び礼拝を捧げることが「交わり」であり、教会に来る人を増やすことが「伝道」である。

> こうして、聖なる者たちは
>
> 奉仕の業に適した者とされ、
>
> キリストの体を造り上げてゆき、
>
> ついには、わたしたちは皆、
>
> 神の子に対する信仰と知識において
>
> 一つのものとなり、
>
> 成熟した人間になり、
>
> キリストの満ちあふれる
>
> 豊かさになるまで成長するのです。

——『エフェソの信徒への手紙』4章12 ～ 13節

だから僕はこの仕事を生活の最優先に置いている。前もって自分の時間の７分の１以上をそのために確保してあるのだ。今は週に４回、聖書のみことばについて解説していて、週末はその準備にあてている。

水曜日の午後８時と日曜日の午前11時には韓国語の講義
月曜日の午前９時と木曜日の午後１時には英語の講義
土曜日は一日じゅう、講義の準備

　これらの時間は僕のスケジュールにあらかじめ組み込まれている。海外出張のときもこの時間に合わせてオンラインで講義ができるようにスケジュールを組む。どうしてもスケジュールが合わなければ、必ずその週の他の時間帯に補講を行うようにしている（もちろん、最近はコロナ禍による政府の集会禁止勧告のために、すべての聖書勉強会や礼拝はオンラインになっている）。多くのクリスチャンがこんなことをいう。「最近は忙しくて教会に行けないんだ。仕事がうまくいったら毎週行くようにするよ」。しかし、成功してから神のために働くのではなく、神のために働いていれば神が「ほどほどに」成功させてくださるだろう。ここで「ほどほどに」というのは、人間はあまりに成功すると堕落するからだ。誰もがゆとりある暮らしを夢見るが、むしろそれは害

毒になることもある。

> 牛や羊が殖え、銀や金が増し、
>
> 財産が豊かになって、
>
> 心おごり、あなたの神、主を
>
> 忘れることのないようにしなさい。（……）
>
> ——『申命記』8章13〜14節

では、どんな状態がいちばんいいのだろうか？

> 悩みは笑いにまさる。
>
> 顔が曇るにつれて心は安らぐ。
>
> ——『コヘレトの言葉』7章3節

> （……）貧しくもせず、金持ちにもせず
>
> わたしのために
>
> 定められたパンでわたしを養ってください。
>
> 飽き足りれば、裏切り
>
> 主など何者か、と言うおそれがあります。
>
> 貧しければ、盗みを働き
>
> わたしの神の御名を汚しかねません。

　クリスチャンにとって祝福される人生とは、ある程度の憂いと心配を抱えて生きていくことだ。この「ある程度」がどのくらいのレベルを意味するのかは人によって違うだろう。僕にとっても、ある程度ゆとりがあるくらいがちょうどいいのかもしれない。僕が知っていることは、世俗的な成功と余裕は神がほどほどにくださるものであり、その与えられたものを神の仕事に使えば、また少しずつくださるだろうということだ。次の聖書の節で「不正にまみれた富」とは、この世における富と名誉、権力などを意味し、「友達をつくりなさい」とは伝道のことを意味する。

> そこで、わたしは言っておくが、
> 不正にまみれた富で友達を作りなさい。（……）
> ――『ルカによる福音書』16章9節

> （……）わたしのためまた福音のために、
> 家、兄弟、姉妹、母、父、子供、
> 畑を捨てた者はだれでも、
> 今この世で、迫害も受けるが
> 家、兄弟、姉妹、母、子供、畑も百倍受け、

後の世では永遠の命を受ける。

——『マルコによる福音書』10章29〜30節

　だから僕は自分の時間だけでなく、個人の収入も10分の１を神の仕事をするのに使うためにあらかじめ差し引いておいて、その残りで暮らすようにしている。そして神にいつも、こう祈りを捧げる。

「神様、私のことを福音を伝えるに足る程度の人間に留め置いてください。傲慢になったり、神様をなおざりにしたりするほどの成功は、絶対にお与えにならないようお願いします」

(2) 尊敬される人生

　（……）あなた自身、良い行いの模範となりなさい。

教えるときには、清廉で品位を保ち、非難の余地のない

健全な言葉を語りなさい。

そうすれば、敵対者は、わたしたちについて

何の悪口も言うことができず、恥じ入るでしょう。

——『テトスへの手紙』2章7〜8節

「模範を示せ」、「模範になれ」。これは、聖書がクリスチャンた

ちに求める生き方だ。模範になるのは成功者になるのとは違う。尊敬される人間にならなければならないのだ。成功した人であっても尊敬されない人は多い。成功者になるには結果さえよければいいが、尊敬される人物になるには、結果だけでなく、そこまでの過程が重要なのだ。

　以前、SBSテレビの『家師父一体（人生の師とともに）』というバラエティ番組に出演したときのことだ。収録が終わると、放送局のスタッフが遠慮がちに声をかけてきた。番組の最後に、僕は聖書に関する話をしたのだが、週末のバラエティ番組としては宗教色が強すぎるというのだ。局の立場も理解できたので、僕は編集に同意した。だから画面のテロップは、実は僕がホワイトボードに書いた言葉とは違っていた。

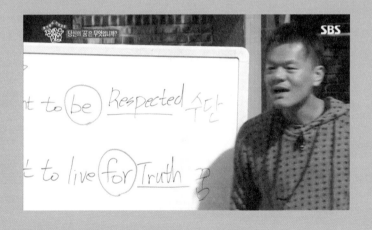

テロップでは、僕の「夢」が尊敬される人間になることである かのように編集されたが、ボードの文字をよく読めば、尊敬され る人間になることは「夢」でなく「手段」だとはっきり書いてあ る。

I want to be **Respected**（尊敬される人になりたい）→ 手段
I want to live for the **Truth**（真理のために生きたい）→ 夢

　僕は自分の夢を「Truth」と書いた。人間はなぜ生まれてきた のか、死んだらどうなるのか、そしてなんのために生きるべき か？　この「真理」を伝えることが、僕の人生の目的だ。だから 僕は、みんなが僕の言葉に耳を傾けてくれるように、尊敬される 人間にならなければならないのだ。そのために僕は、自分が守る べき３つの原則を定めた。メディアでも何度か話したことがある が、それが「真実」「誠実」「謙虚」である。

真実
人前で気をつけようとするのではなく、気をつける必要のない 人になること。

　他人から見える自分の姿が偽りであってはならない。だから人

前でできない話や行動は、他人のいない場でもしないように努めている。単語ひとつとっても、テレビでは言えないような言葉はプライベートな場でも使わないようにし、いくら腹が立っても悪口は言わない。もし自分の携帯電話がハッキングされて通話内容が公開されても問題にならないような生き方をしようと思う。誰と会い、何を話し、どんな行動をしたのか、世界に全部知られたとしても問題ない人生。それが毎日の生活の基準だ。

誠実
かっこいいことを言うのは簡単だが、かっこよく生きるのは難しい。

　僕はいつも、自分にそう言い聞かせている。かっこいい言葉は、ちょっとしたセンスさえあれば言える。しかし、人々は「メッセージ」だけを見るのではない。そのメッセージを口にする「メッセンジャー」も一緒に見るのだ。母から言われた言葉のうちで、今も忘れずに心に刻まれているものがある。

　　「ジニョン、お前は自分の経験のなかで感じたことを話すときに、いちばん力があるね」

かっこいい言葉を言うのに必要な時間は数秒に過ぎないが、かっこいい生き方をするには数十年の時間が必要だ。実は、僕たちはかっこいい生き方をするには何をすべきか、全部わかっている。問題は、それを毎日こつこつと実行できるかだ。それをしないままで他人に腹を立てたり、社会に憤りを感じたりするのは卑怯な行為だ。まずは自分自身に腹を立てることを知らなければならない。

　　横になりたいときに立ち上がり

　　休みたいときに運動し

　　食べたいときに食事を我慢し

　　飽き飽きしたときに継続し

　聖書にも、自分の体と戦うべきだという言葉がよく出てくる。その代表的なものは、次の一節だ。

　　　むしろ、自分の体を打ちたたいて服従させます。

　　　それは、他の人々に宣教しておきながら、

　　　自分の方が失格者になってしまわないためです。

　　　　　　──『コリントの信徒への手紙一』9章27節

もちろん、神や聖書を知らなくても誠実な人も多い。僕もそうだったから。でも、そうした誠実さはいつか「虚無」という壁に突き当たってしまう。だから聖書を通じて人生の真理に気づき、揺らぐことのない目標を打ち立てた後に、やっと真に誠実になれる力が手に入るのだ。僕がいちばんよく聞かれる質問のひとつはこうだ。「もう十分に成功したでしょう。なぜそこまで苦労しないといけないの？」直接口に出すことはないが、僕は心のなかでこう答える。

死んだらゆっくり休めるから
神様に会ったときに褒めてもらいたいから
救われる人の顔をまた見たいから

（……）主が来られるまでは、（……）おのおのは
神からおほめにあずかります。
——『コリントの信徒への手紙一』4章5節

謙虚

ここでいう謙虚とは、言葉や態度のことを指すのではない。自分自身がどれほど偽善的で卑怯であくどい人間なのかを心の底から悟らなければならない、という意味だ。我々は犯罪者のことを

後ろ指をさして非難するが、実は彼らが抱いている欲求が、自分たちのなかにもあると気づくべきなのだ。聖書によれば、そうした欲求を抱くだけでも、彼らと同じ罪を犯したことになるのだという。

> （……）みだらな思いで
> 他人の妻を見る者はだれでも、
> 既に心の中でその女を犯したのである。
> ——『マタイによる福音書』5章28節

> だから、すべて人を裁く者よ、
> 弁解の余地はない。
> あなたは、他人を裁きながら、
> 実は自分自身を罪に定めている。
> あなたも人を裁いて、
> 同じことをしているからです。
> ——『ローマの信徒への手紙』2章1節

　胸に手をあてて、正直に自分自身を振り返ってみよう。「他人に知られては困るような罪をひそかに犯したことはないか？」ないとしたら、それは人間ではなく神であろう。そのことを悟り、

認めることが、謙虚の始まりだ。

　次に大切なのは、自分の能力について悟ることだ。成功した人ほど、その理由が自分の能力と努力にあると考える。しかし、一度でいいからこう考えてみよう。人生において自分がコントロールできるものとコントロールできないもののうち、どちらがより多いだろうか？

コントロールできるもの vs. コントロールできないもの

もちろん、コントロールできないもののほうがずっと多い。

> （……）天から与えられなければ、
> 人は何も受けることができない。
> ──『ヨハネによる福音書』3章27節

> あなたは、「自分の力と手の働きで、
> この富を築いた」などと考えてはならない。
> ──『申命記』8章17節

　かつては怖いもの知らずで自信満々だった僕が、今ではすべてのものを恐れる怖がりになった。この世のことで問題が起きるの

が怖いというより、神が僕をどう見るかが怖いのだ。僕に失望し、もはや伝道する資格のない愚か者だと思われるのではないか。そう思うと恐ろしいのだ。しかし、これは実に幸いなことだと思っている。この怖さこそが、僕にとって最も必要な謙虚さを与えてくれることを知っているからだ。

それを息苦しいと思う人もいるだろうが、僕はわくわくしている。世間的な成功を勝ち取るときも気分がよかったし、好きな女性と結婚するときも胸が高鳴った。自由に楽しく生きる快楽も経験した。だが、これらの気分の高揚はすべて一時的なものだった。ところが、今の僕が感じている胸のときめきは、そのようなものとは次元がまったく違う。これは人々の魂を救う高揚感であり、この世だけでなく次の世にまでつながる高揚だ。前から抱いていた人生の目標を失い、さまよっていた僕にとって、死ぬ日まで変わらない確かな目標が生まれたことは、本当に幸いなことだ。

虚無感、孤独、不安、恐れ、憂鬱……こうした感情は「知らない」ことから生じるものだ。なぜ自分は生まれたのか、なぜ生きていくのか、死んだらどこに行くかを知らないからだ。こうした根本的な問題を先送りしたまま、目先のことに追われて日々を暮らしていてはならない。真理を知るために努めるべきだ。そうす

れば、神は必ず真理への道を開いてくれる。適当に妥協したり気
持ちをごまかしたりしないで、あくまで答えを探すべきだ。

（……）神に近づく者は、

神が存在しておられること、

また、神は御自分を求める者たちに

報いてくださる方であることを、

信じていなければならないからです。

——『ヘブライ人への手紙』11章6節

死の恐怖のために

一生涯、奴隷の状態にあった者たちを

解放なさるためでした。

——『ヘブライ人への手紙』2章15節

　真理を求めて真の自由を得る人がひとりでも増えることを願っ
ている。それが僕と、僕らの教会のメンバーが生きていく理由
だ。

招待のことば

私たちの教会に来て一緒に勉強されたい方は、
下記までご連絡願います。
韓国教会：info@firstfruitskr.org
LA Church : info@firstfruitsUSA.org
私たちの教会には100人ほどしか入れないので、
すべての方をお招きすることはできませんが、
もっと広い場所を確保でき次第、ご招待いたします。

ジョン・パイパー（John Piper）牧師へ

　こんにちは。私は韓国の歌手で、芸能プロダクションを運営しているパク・ジニョンと申します。YouTubeで牧師の講演を見たのですが、悪の根源に関する質問（Where Did Satan's First Desire for Evil Come from?）に対して、牧師が「よくわからない」とお答えになったのを見て、この手紙を書くことにしました。牧師のようなお立場の方が質問に対して正直にわからないとおっしゃるのは、決して簡単なことではないと思います。その率直な姿勢に深い感動を覚えました。この問題については私も長く考えてきましたが、ひとつ思いついた答えがありますのでお話ししてみようと思います。私のような者が世界的な牧師に自分の考えを申し上げるなど、恥ずかしく畏れ多いかぎりですが、思い切ってお伝えすることにします。

　牧師が受けた質問、「サタンに悪への欲望を植え付けたのは誰ですか？」に対する私の答えは、「闇」です。これまで人々が聖書に出てくる「闇」という言葉を、象徴的な表現と考え、実際に存在する力とは見なかったため、このことに気づかなかったのではないでしょうか。

　神は愛するために人間を創造されましたが、公正な選択から成る真の愛を求めていたため、人間に自由意思を与えました。とこ

ろで、この自由意思を行使するには、複数の選択肢が必要です。そこで神はふたつの選択肢をおつくりになったのです。それがすなわち「光」と「闇」です。

光を造り、闇を創造し

平和をもたらし、災いを創造する者。

わたしが主、これらのことをするものである。

——『イザヤ書』45章7節

「光」とは神の意思に従わせてくれる力であり、「闇」とは神の意思に逆らわせる力でした。人間は神が与えたもうた自由意思によって「光」を選べば、神への愛を示すことができます。一方、下の節を見ると「闇」はサタンとつながっている力として示されています。

（……）今はあなたたちの時で、

闇が力を(power of darkness)振るっている。

——『ルカによる福音書』22章53節

わたしは、あなたを

> この民と異邦人のなかから救い出し、
>
> 彼らのもとに遣わす。それは、
>
> 彼らの目を開いて、闇から光に、
>
> サタンの支配から神に立ち帰らせ、（……）
>
> ——『使徒言行録』26章17 〜 18節

　教会ができあがると、イエスと新たに生まれた聖徒たちが結婚し、新しい天、新しい地という場でともに暮らすようになりますが、これはすでに結婚した後のことなのでそれ以上選択は必要なくなり、選択肢から闇は消え去ります。

> もはや、夜（闇）はなく、
>
> ともし火の光も太陽の光も要らない。
>
> 神である主が僕たちを照らし、
>
> 彼らは世々限りなく統治するからである。
>
> ——『ヨハネの黙示録』22章5節

　一方、この新しい天、新しい地が訪れる前にある「千年王国」という場所では、イエスがこの世に来られ、サタンを深い監獄に閉じ込めて、直接世界を統治します。にもかかわらず、人間たちは罪を犯すのです。

わたしはまた、一人の天使が、

底なしの淵の鍵と大きな鎖とを手にして、

天から降って来るのを見た。

この天使は、悪魔でもサタンでもある、

年を経たあの蛇、つまり竜を取り押さえ、

千年の間縛っておき、底なしの淵に投げ入れ、

鍵をかけ、その上に封印を施して、

千年が終わるまで、もうそれ以上、

諸国の民を惑わさないようにした。（……）

—— 『ヨハネの黙示録』20章1〜3節

地上の諸族の中で、エルサレムに上って

万軍の主なる王を礼拝しようとしない者には、

雨が与えられない。（……）

これこそ、

仮庵祭を祝うために上って来なかった

エジプトの受ける罰であり、

またすべての国の受ける罰である。

—— 『ゼカリヤ書』14章17、19節

サタンが監獄に閉じ込められて人間を誘惑できないにもかかわらず、人間たちが罪を犯しつづける理由は、まだ闇があるからです。

> 君主は（……）門の敷居の所で
>
> 礼拝した後、出て行く。
>
> 門は夕方まで閉じてはならない。
>
> ——『エゼキエル書』46章2節

> あなたは、朝ごとに無傷の一歳の小羊一匹を、
>
> 日ごとの焼き尽くす献げ物として、
>
> 主にささげねばならない。（……）
>
> ——『エゼキエル書』46章13節

　人間たちが罪を犯すことのない新しい天、新しい地と、人間たちが罪を犯す千年王国との違いは、まさに闇が「あるか、ないか」なのです。

　以上が、引用した聖書のいくつかの節をもとに私が考えた答えです。これがもし牧師の求められていた答えになるようであれ

ば、このうえない喜びです。神の祝福がつねにあなたとともにあ
りますように。

To pastor John Piper

Hello pastor Piper. I'm a singer/ entertainment businessman
in Korea named J.Y. Park. I was watching your sermons on
YouTube and I ran into a video of you being asked "Where did
Satan's first desire for evil come from?", and you honestly
answered that you don't know. I was deeply touched by your
humble honesty because it's not easy for a pastor of your
status to admit that you don't know something. I also was
struggling with this question for a long time and I was able to
reach an answer that I want to share with you. As a person
who never went to a seminary, it's not easy to suggest an
answer to a pastor like you, but I'll give it a try.

My answer is 'Darkness'. I believe people couldn't figure
this out because they saw 'Darkness' as a symbolic expression
rather than an existing force.

God created man to be in love with him. He wanted true
love so he gave us free will. And he also gave us two options

to choose from so we can use our free will. It was 'Light' and 'Darkness'.

> I form the light and create darkness; I make peace,
> and create evil: I the LORD do all these things
> —Isaiah 45:7

'Light' was the power that makes us follow God's will and 'Darkness' was the power that makes us go against God's will. We were able to express our love towards God by choosing 'Light'.

'Darkness' seems to be the force of evil that seduced Lucifer to become Satan. Because as you see in the following sentences, darkness is described like the power behind evil and Satan.

> (……) This is your hour, and the power of darkness
> —Luke 22:53

> (……) I send you to open their eyes,

> and to turn them from darkness to light,
>
> and from the power of Satan unto God
>
> —Acts 26:17~18

That's why when Jesus and the church gets married and live in the new heaven & new earth, there's no more darkness because there's no need for any more choices to be made.

> (······) There shall be no night(darkness) there
>
> (······) for the Lord God gives them light:
>
> and they shall reign for ever and ever
>
> —Revelation 22:5

On the other hand, the millennial kingdom which takes place before the new heaven & new earth, people still sin even though Jesus himself personally rules the world and Satan is locked up and unable to seduce human beings.

> And I saw an angel (······) laid hold on the dragon,
>
> that old serpent, which is the Devil, and Satan,
>
> and bound him a thousand years,

and cast him into the bottomless pit,

and shut him up, and set a seal upon him,

that he should deceive the nations no more (……)

—Revelation 20:1~3

(……) whichever of the families of the earth

do not come up to Jerusalem to worship the King,

the Lord of hosts, on them there will be no rain

(……) this shall be (……)

the punishment of all nations that

do not come up to keep the feast of the tabernacles

—Zechariah 14:17,19

The reason human beings keep sinning even though Satan is locked up and cannot seduce them, is because there still is 'Darkness' in the millennial kingdom.

(……) the prince (……)

shall worship at the threshold

of the gate: then he shall go forth; but the gate shall

not be shut until the evening (Darkness)

—Ezekiel 46:2

You shall daily make a burnt offering to the Lord of
a lamb of the first year without blemish; you shall
prepare it every morning(After darkness)

—Ezekiel 46:13

The difference between new heaven & earth where people
don't sin, and the millennial kingdom where people sin is the
existence of darkness.

It will be great if this can be the answer you've been looking
for. May God always be with you.

著者紹介

J.Y. Park

本名パク・ジニョン。1971年生まれ。歌手、作詞・作曲家、プロデューサー。韓国三大芸能事務所のひとつである「JYPエンターテインメント」の創業者、CCO（チーフ・クリエイティブ・オフィサー）。2019年、ソニーミュージックと共同で「Nizi Project」を始動。プロジェクトを経て結成されたガールズグループ「NiziU」が日本で社会現象を巻き起こしている。

訳者略歴

米津篤八
（よねづとくや）

早稲田大学政経学部卒、朝日新聞社勤務を経て、朝鮮語翻訳家。
訳書にキム・サンホン『チャングム』、キム・タクファン『ファン・ジニ』、イ・ジョンミョン『風の絵師』（以上、早川書房刊）、李姫鎬『夫・金大中とともに』、シン・ドヒョン＆ユン・ナル『世界の古典と賢者の知恵に学ぶ言葉の力』他多数。

金李イスル
（キムリ）

神奈川朝鮮中高級学校を卒業後、青山学院大学法学部、法律事務所勤務を経て、現在は朝鮮語通訳・翻訳に従事。

徐 有理
（ソ ユリ）

埼玉県生まれ。ソウルの中学校、愛知朝鮮中高級学校を経て渡豪し、現在はシドニー大学に在学中。

聖書の翻訳は原則として新共同訳を用い、そうでない場合は引用元を記した。
「主イエスを知りたるうれしきこの日や」（157頁）の訳詞は日本基督教団讃美歌委員会編『讃美歌』（1954年版）を用いた。

J.Y. Park エッセイ 何のために生きるのか？

2021年2月20日　初版印刷
2021年2月25日　初版発行

著　者　J.Y. Park
訳　者　米津篤八・他

発行者　早川　浩

印刷所　三松堂株式会社
製本所　三松堂株式会社

発行所　株式会社　早川書房
東京都千代田区神田多町2—2
電話　03-3252-3111
振替　00160-3-47799
https://www.hayakawa-online.co.jp
定価はカバーに表示してあります
ISBN978-4-15-210000-9　C0098
Printed and bound in Japan
乱丁・落丁本は小社制作部宛お送り下さい。
送料小社負担にてお取りかえいたします。